Turnen macht Spaß!

Ingrid Biermann

Turnen macht Spaß!

Bewegung spielerisch fördern

HERDER

FREIBURG · BASEL · WIEN

www.herder.de

Umschlaggestaltung: SchwarzwaldMädel, Simonswald
Umschlag- und Textillustrationen: Maryse Forget, Lahr
Lektorat: Ines Zissel, Rösrath
Satz und Gestaltung: Arnold & Domnick, Leipzig

Herstellung: Graspo CZ, Zlín
Printed in the Czech Republic

ISBN 978-3-451-32997-5

INHALT

VORWORT

In jedem Menschen steckt von Geburt an die Freude an der Bewegung. Kinder wollen zappeln, drehen, robben, sich recken und strecken, kriechen und krabbeln, laufen, hüpfen, springen und klettern. Sie haben Spaß daran, sich zu spüren, zu messen und miteinander zu wetteifern. Über das bewegte Spiel entdecken sie die Welt und bauen ihre Fähigkeiten immer weiter aus.

Die Bewegung hält jeden Menschen von Anfang an gesund. Körper, Geist und Seele können darüber zu einem harmonischen Ausgleich kommen. Zum Gesundsein gehört auch die Fähigkeit, sich in seinem Körper zu spüren und zu erkennen, was ihm gut tut, was er wann und wie braucht, aber auch, was er nicht braucht. Das ist ein langer Prozess. Eine Aufgabe der Kita ist es, die Kinder bei diesem Entwicklungsprozess zu begleiten und zu unterstützen. Aus diesem Grund sollte das Thema Bewegung in jeder Einrichtung vorrangige Bedeutung bekommen. Das bedeutet, dass die räumlichen Gegebenheiten gut genutzt werden und der Alltag auf Bewegung hin geplant wird. Jede Kita kann so zu einer bewegungsunterstützenden und bewegungsfrohen Einrichtung werden.

Bei diesem Prozess möchte ich Sie unterstützen. Dieses Buch ist ein Praxisbuch und zielt nicht darauf ab, die theoretischen Hintergründe zur Bedeutung der Bewegung in den einzelnen Altersstufen, für die Entwicklung der Sinne (und somit der sensorischen Integration), der Sprache und der sozialen Intelligenz darzulegen.

Vielmehr finden Sie hier zahlreiche Spielangebote, denn Bewegung ist verbunden mit Spiel und Spiel ist Bewegung ohne Zwang. Es steht nicht das Vormachen und Nachmachen, das Trainieren der korrekten Ausführung, das Gewinnen oder Verlieren im Vordergrund, sondern es geht um die Freude an der Bewegung. Im ersten Kapitel knüpfe ich an traditionelle Bewegungsspiele an, im zweiten finden Sie Ideen für alltägliche Spielangebote, Kreis- und Gruppenspiele, Mitmachgeschichten oder Bewegungslieder. Die folgenden Kapitel bauen das Bewegungsangebot immer weiter aus: Über Thementurnen, Rhythmik und schließlich Ideen für bewegte Feste werden Sie in den Kindern die Freude an der Bewegung, am Turnen und auch am Sport wecken und dauerhaft verankern. Ich wünsche Ihnen, dass Sie gemeinsam mit Ihren Kindern die Bewegung als Motivationsfaktor wiederentdecken. Dazu bietet dieses Buch zahlreiche Aufbauimpulse, sodass es mehr ist als nur ein „Turnbuch". Die Ideen sind ganzheitlich auf alle anderen Bildungsbereiche zu übertragen. Schauen Sie hinein und ich hoffe, das Buch macht Ihnen Freude.

Ihre
Ingrid Biermann

1 SPIELEND IN BEWEGUNG KOMMEN

Gespielt wird seit den Anfängen der Menschheit und viele Spiele sind über Generationen hin weitergegeben worden, sie sind zum Allgemeingut geworden. Auch heute sind sie es noch wert, gemeinsam gespielt zu werden. Jede Kita sollte diese Traditionen pflegen, denn über sie bekommen wir auch einen Kontakt zu den Familien. Spielen verbindet und lässt Kinder und Familien schnell ein Stückchen näher zusammenrücken.

Gemeinsam spielen, das heißt, sich gemeinsam anstrengen, gemeinsam Kräfte messen, gemeinsam ein Ziel verfolgen, gemeinsam für das Gelingen eines Spiels verantwortlich sein und sich gemeinsam freuen. So vernetzen wir Sprache mit Bewegung und deshalb haben Spiele auch einen starken Bildungscharakter. Jeden Tag gemeinsam spielen heißt, wertvoll und stressfrei den Alltag zu meistern.

Aktionskiste: Neue und alte Spiele aus Omas Zeiten

Die folgenden Spiele können auf Zettel geschrieben und in eine besonders schöne Kiste oder einen dekorierten Karton gelegt werden. Diese Kiste steht an einem festen Platz. Zu jeder Gelegenheit des Tages kann sie geholt werden und den Alltag zu einem Bewegungstag werden lassen. Die Kinder sollten beim Befüllen der Kiste mitbestimmen und ihre Spielideen einbringen. Die genaue Anzahl der mitspielenden Kinder kann von der Erzieherin benannt werden. Die Altersangabe ist ein Vorschlag und kann situativ verändert werden.

Reise nach Jerusalem

Alter: ab 5 Jahren **Anzahl:** Teil-/Großgruppe
Material: Stühle, in der Anzahl einen weniger als Mitspieler, Musik und Abspielgerät

Die Stühle werden in zwei Reihen mit den Lehnen zusammengestellt. Es ist wichtig, dass es insgesamt einen Stuhl weniger als mitspielende Kinder gibt. Nun gehen alle nach beschwingter Musik im Raum umher. Macht die Musik eine Pause, dann laufen die Kinder schnell zu den Stühlen und setzen sich. Das Kind, welches keinen Stuhl bekommen hat, macht eine Spielpause. Das Spiel wird so lange gespielt, bis nur noch ein Kind übrig ist.

Katz und Maus

Alter: ab 5 Jahren **Anzahl:** Teil-/Großgruppe

Alle Kinder bilden einen Kreis und fassen sich an den Händen. Ein Kind ist die Maus und eines die Katze. Die Maus läuft innen, die Katze außen um den Kreis, der das Haus darstellt. Die Katze soll die Maus fangen. Dazu geht sie von Kind zu Kind und fragt: „Ist die Maus zu Haus?" Lautet die Antwort nein, dann geht die Katze weiter. Bejaht das Kind dagegen die Frage, dann öffnen alle Kinder den Kreis. Die Maus läuft um das Haus und die Katze versucht, sie außen zu fangen. Ist die Maus erschöpft, läuft sie schnell wieder ins Haus und die Kinder fassen sich wieder an. Das Spiel beginnt von Neuem. Wird die Maus gefangen, so werden zwei neue Kinder Katze und Maus.

Fischer, Fischer, wie tief ist das Wasser?

Alter: ab 5 Jahren **Anzahl:** Teil-/Großgruppe

Ein Kind ist Fischer und stellt sich an eine Seite des Spielfeldes. Die anderen Kinder sind Fische und stehen auf der gegenüberliegenden Seite des Spielfeldes. Sie rufen: „Fischer, Fischer, wie tief ist das Wasser?" Der Fischer antwortet z. B.: „100 Meter tief." Die Kinder fragen: „Wie kommen wir hinüber?" Der Fischer weist eine Bewegungsform an, z. B.: „Hüpfen!" Dann hüpfen alle Kinder zum gegenüberliegenden Spielfeldende. Dabei muss der Fischer versuchen, einen Fisch zu fangen. Dieses Kind wird nun auch zum Fischer und fängt in der nächsten Runde mit. Das Spiel ist beendet, wenn alle Fische gefangen wurden. Die Bewegungsformen werden in jeder Runde neu benannt.

Der König ist nicht zu Hause

Alter: ab 5 Jahren **Anzahl:** Teil-/Großgruppe
Material: mehrere Kochlöffel, Kochtöpfe, Besen, Putztücher und Eimer, ein Stuhl, ein wertvolles Stück Stoff oder eine Krone

Die Kinder nehmen sich ein Küchen- oder Putzmaterial. Sie sind die Königsbediensteten und fegen, kochen, putzen usw. im Schloss. Ein Kind ist der König, es beobachtet würdevoll die anderen. Auf den Ruf: „Der König ist nicht zu Hause!" setzt sich das Königskind auf den Stuhl. Dann legen die Bediensteten ihre Arbeit nieder und springen, hüpfen oder spaßen herum. Ruft die Erzieherin: „Der König ist wieder da!", gehen alle schnell wieder an ihre Arbeit. Das letzte Kind, das seine Arbeit wieder aufnimmt, muss eine Spielpause machen, es kann zum König in der nächsten Runde werden.

Koffer packen

Alter: ab 4 Jahren **Anzahl:** Teil-/Großgruppe
Material: Kleidungsstücke der Kinder, zwei große Koffer

Die Kleidungsstücke liegen verstreut im Kreis auf dem Boden. Die Kinder werden in zwei Gruppen aufgeteilt, die jeweils einen Koffer füllen müssen. Auf ein Signal laufen sie los und packen alles, was sie fassen können, in ihren Koffer. Zum Schluss werden die gepackten Stücke pro Gruppe gezählt.

Variation

Schnelles Koffer packen: Es steht nur eine bestimmte Zeit zum Einpacken zur Verfügung. Ruft die Erzieherin oder ein Kind „Stopp“, dann hören alle auf.

Was darf in den Koffer? Es werden noch andere Bekleidungsstücke der Kinder z. B. Hausschuhe, Mützen oder auch leere Brotdosen geholt und im Raum verteilt. Ruft die Erzieherin z. B. „Schuhe“, dann werden nur Hausschuhe eingepackt.

Heute bin ich froh

Alter: ab 3 Jahren **Anzahl:** Teil-/Großgruppe

Alle sitzen im (Stuhl-)Kreis. Der Spielführer denkt sich eine Tierbewegung aus und sagt: „Heut bin ich froh und darum hüpf ich so.“ Er hüpft z. B. wie ein Frosch und alle hüpfen mit. Die Kinder hüpfen so lange, bis der Spielführer wieder sitzt. Nun kann er oder ein anderes Kind sich ein neues Tier ausdenken und das Spiel wie beschrieben fortführen.

Käse rollen

Alter: ab 5 Jahren **Anzahl:** Teil-/Großgruppe
Material: für jedes Kind ein Reifen, Kreppklebeband

Mit dem Kreppklebeband wird eine Start- und Ziellinie markiert. Die Kinder werden in zwei Gruppen aufgeteilt und stehen mit ihrem Reifen, der den Käse darstellen soll, an der Startlinie. Auf ein Kommando rollen sie die Reifen nacheinander zum Ziel. Die Gruppe, die alle Käse zuerst in das Lager gebracht hat, hat gewonnen. Als Variation ist auch Folgendes möglich: Jeweils zwei Kinder oder zwei Gruppen rollen um die Wette.

Plumpsack

Alter: ab 6 Jahren **Anzahl:** Teil-/Großgruppe
Material: ein mit Sand gefüllter Luftballon

Die Kinder bilden einen Kreis und fassen sich an den Händen. Ein Kind geht außen um den Kreis und trägt den mit Sand gefüllten Luftballon. In einer Singsangmelodie rufen die Kinder, die im Kreis stehen: „Dreht euch nicht um, denn der Plumpsack geht rum, wer sich umdreht oder lacht, kriegt den Buckel blau gemacht." Dieser Text wird ständig wiederholt. Die Kinder beobachten genau das Kind, welches um den Kreis geht. Lässt es den Luftballon hinter einem Kind fallen, hebt dieses den Ballon schnell auf, läuft dem ersten Kind hinterher und versucht es zu fangen, bevor es den Kreis einmal umrundet hat. Der „Plumpsack-Werfer" reiht sich, so schnell er kann, an der offenen Stelle in den Kreis ein und das Spiel beginnt erneut.

Rutschpartie

Alter: ab 4 Jahren **Anzahl:** Teil-/Großgruppe
Material: Badehandtücher (mindestens für die Hälfte der Mitspieler), Kreppklebeband

Mit dem Kreppklebeband wird eine Start- und Ziellinie markiert. Je zwei Kinder bilden ein Spielerpaar. Am Start sitzt ein Kind auf einem Handtuch wie auf einem Schlitten. Auf ein Signal zieht das andere Kind das sitzende Kind mit dem Handtuch zu einem ausgemachten Ziel. Es können auch je zwei Gruppen um die Wette ziehen.
Hinweis: Es sollte ein Stoppzeichen vereinbart werden, falls es dem Kind auf dem Handtuch zu wild wird.

Auch die Tiere kriechen, hüpfen und rennen

Die Tiere in den folgenden Spielen laden zu einer lebendigen Vorstellung ein und die Kinder schlüpfen in deren Rollen. Das Spiel fordert auf, unterschiedliche Bewegungen nachzuahmen. Diese sind zum Teil für Kinder unter drei Jahren geeignet. Auch hier wird die genaue Anzahl der mitspielenden Kinder durch die Erzieherin bestimmt.

Tiere fangen

Alter: ab 4 Jahren **Anzahl:** Teil-/Großgruppe
Material: für jedes Kind ein dünnes Chiffontuch

Ein Kind ist der Tierfänger, die anderen Kinder bekommen auf ihrem Rücken in die Hose ein Tuch gesteckt. Der Fänger steht startbereit. Auf ein Kommando laufen alle Tiere los. Der Fänger versucht, ein Tier am Schwanz zu packen. Das gefangene Tier ruht sich aus oder wird zum Tierfänger.

Schneckenfrühstück

Alter: ab 5 Jahren **Anzahl:** Teilgruppe
Material: zwei Kochlöffel, Augenbinde

Ein Kind ist die Schnecke. Es bekommt die Augen verbunden und die beiden Holzlöffel in die Hand. Die anderen Kinder sind die Salatköpfe und verteilen sich im Raum. Sie knien auf dem Boden. Nun muss die Schnecke auf Futtersuche gehen. Sie kriecht oder geht durch den Raum und erfühlt mit ihren Fühlern (Holzlöffel) vorsichtig die Umgebung. Hat es ein Kind berührt, also einen Salatkopf gefunden, dann wird dieses Kind zur Schnecke. Nachdem es die Augen verbunden hat, suchen sich die Kinder einen neuen Platz und die Schnecke geht auf Futtersuche. Die erste Schnecke setzt sich auf eine Bank und kann eine Mittagspause machen.

Fleißige Bienen

Alter: ab 4 Jahren **Anzahl:** Teilgruppe
Material: Wattebälle, dicke Strohhalme, für jedes Kind einen Topf oder Teller

Die Wattebälle werden im Raum verteilt, sie stehen für die Blüten, in denen Nektar ist. Ein Kind spielt die Bienenkönigin und sitzt auf einem Stuhl. Die Übrigen sind die Bienen und jedes hat einen Teller, der vor der Bienenkönigin steht. Ihre Aufgabe ist es, Nektar zu sammeln und ihn zur Bienenkönigin zu bringen. Auf ein Kommando der Bienenkönigin fliegen sie los. Die jüngeren Kinder sammeln die Wattebälle mit der Hand, während die älteren mit dem Strohhalm einen Wattebausch ansaugen, die Bienen bringen so ihren Nektar zu ihrem Teller oder Topf. Wenn keine Wattebälle mehr auf dem Boden liegen, ist das Spiel beendet. Die Bienenkönigin zählt am Spielende den Nektar.

Huhn und Marder

Alter: ab 6 Jahren **Anzahl:** Teilgruppe
Material: weiße und braune Luftballone, zwei Augenbinden, zwei Schüsseln, ein Seil

Die Luftballone werden nur wenig aufgeblasen, sie sind die Hühnereier. Mit dem Seil wird das Spielfeld eingegrenzt. Dort hinein werden die Eier-Luftballone gelegt. Ein Kind spielt das Huhn, das seine Eier vor dem Marder, einem anderen Kind, retten will. Beide bekommen die Augen verbunden und je eine Schüssel in die Hand. Auf ein Kommando krabbeln beide los und versuchen, möglichst viele Eier einzusammeln. Dabei darf der Marder aber nicht die Eier aus dem Hühnerkorb stehlen. Wenn alle Eier eingesammelt sind, wird nachgezählt, wer die meisten in der Schüssel hat.

Der Löwe ist los

Alter: ab 5 Jahren **Anzahl:** Teil-/Großgruppe
Material: Hocker, Matten, Bänke, Stühle

Ein Kind ist der Löwe. Die übrigen Kinder laufen durch den Raum, während der Löwe versucht, ein Kind zu fangen. Um sich zu retten, suchen sie immer wieder Schutz auf den Bänken, Stühlen usw. Hier darf der Löwe sie nicht fangen. Wird ein Kind an einem Körperteil berührt, wird es auch zum Löwen. So wächst die Anzahl der Löwen und die Gefahr, gefasst zu werden. Das Spiel ist zu Ende, wenn alle zum Löwen geworden sind.

Hühnchen rupfen

Alter: ab 5 Jahren **Anzahl:** Teil-/Großgruppe
Material: Krepppapier in verschiedenen Farben, doppelseitiges Klebeband, Schere

Die Federn werden aus dem Krepppapier hergestellt, indem es in lange Streifen geschnitten wird. Die Krepppapierstreifen werden mithilfe von doppelseitigem Klebeband an der Kleidung der Kinder befestigt. Auf ein Signal hin laufen die Kinder umher und versuchen, sich gegenseitig die Federn zu rupfen. Wer keine Federn mehr hat, setzt sich.

Regen, Sonne, Wind

Alter: ab 3 Jahren **Anzahl:** Teil-/Großgruppe
Material: Tamburin, Matte, Langbank

Die Begriffe Regen, Sonne und Wind werden mit Standorten oder Bewegungen verknüpft, z. B. Regen bedeutet, dass die Kinder sich auf eine Matte stellen, Sonne bedeutet, dass die Kinder sich auf der Langbank platzieren und bei Wind laufen sie in eine bestimmte Ecke. Die Kinder bewegen sich zum Tamburinschlag durch den Raum. Ruft die Erzieherin einen der drei Begriffe, dann laufen alle dorthin oder führen die zugeordnete Bewegung aus. Dieses Spiel wird mehrmals wiederholt. Erholung kann durch einen Pausenruf erfolgen, dann legen sich die Kinder auf den Boden. Bei jüngeren Kindern werden nur ein bis zwei Begriffe eingesetzt.

Pfützen springen

Alter: ab 4 Jahren **Anzahl:** Teilgruppe
Material: (blaue) Matten in der Anzahl der Mitspieler, Musik und Abspielgerät

Die Matten werden als Pfützen im Raum ausgelegt, insgesamt eine Matte weniger als es Mitspieler sind. Nach dem Rhythmus der Musik laufen die Kinder durch den Raum. Macht die Musik eine Pause, springen die Kinder schnell in eine Pfütze. Auf jeder Pfütze darf jedoch nur ein Kind stehen. Ein Kind findet also keine Matte. Es nimmt eine weitere Pfütze weg und macht eine Spielpause. So werden Mitspieler und Matten nach jeder Runde weniger. Zum Schluss bleibt ein Kind übrig und wird Pfützenkönig.
Hinweis: Bei den jüngeren Kindern ab drei Jahren bekommt jedes Kind eine Pfützenmatte und es wird keine weggenommen.

2 BEWEGUNG IN DEN ALLTAG BRINGEN

Mit wenig Aufwand lässt sich ein Gruppenraum in eine große Bewegungslandschaft verwandeln, die jeden Tag zum Entdecken, zum Krabbeln und zum Laufen einlädt. Spielend können die Kinder jederzeit ihr Bewegungsbedürfnis erkunden. Aber auch die Erzieherin gibt Bewegungsimpulse mit Geschichten und Liedern, die im Morgenkreis oder später zum Mitmachen motivieren, ja sogar zum Turnen anregen können. Das Alter der Kinder bestimmt, wie schwierig oder leicht die Impulse gesetzt werden, ob die hier vorgestellten Geschichten für jüngere Kinder gekürzt und vereinfacht werden oder ob ältere Kinder mit mehr herausfordernden Materialien versorgt werden können. Bei manchen Angeboten sind Hilfestellungen notwendig. In diesem Kapitel sind einige Impulse auch für Kinder unter drei Jahren geeignet.

Umgebung mit Bewegung

Viele Gegenstände in der Umgebung machen neugierig und wollen erkundet werden. Das können Dinge aus dem Gruppenalltag sein wie Kissen, Hocker, Kästen, Bänke oder auch kleine Leitern. Zu einem besonderen Bewegungserlebnis wird es, wenn die so vorbereitete Umgebung mit Musik ausprobiert und erforscht wird.

Sitz-, Krabbel- und Ruheschlangen

Alter: ab 3 Jahren **Anzahl:** Teil-/Großgruppe
Material: viele einfarbige große Handtücher, unterschiedliches Füllmaterial (Erbsen, Bohnen, Kastanien, Luftballone usw.), Filz, dicke Perlen, Nähzeug

Die großen Handtücher werden zu einer Schlange zusammengenäht, die mit unterschiedlichen Materialien gefüllt und zugenäht wird. Mit Filz und dicken Perlen kann ein ansprechendes Gesicht gestaltet werden. Bei der Herstellung helfen häufig die Eltern gerne, auch sind viele Familien bereit, Bade- oder Saunatücher zu spenden.
Die Sitzschlangen lassen sich leicht transportieren und laden überall zum Krabbeln, Sitzen oder Ruhen ein. Die Kinder probieren viele Bewegungsvariationen aus und entwickeln unterschiedliche Spielideen.

Luftige Spring- und Hüpfkissen

Alter: ab 3 Jahren **Anzahl:** Teil-/Großgruppe
Material: Luftmatratzen, Luftpumpe, Matratzen, einfarbige Spannbetttücher, Luftballone, Kopfkissen und Bezug, Kinderbettbezug

Die Luftmatratzen werden aufgeblasen, alle Matratzen werden mit Spannbetttüchern überzogen ebenso wie die Kissen mit Bezügen. Die Kissen- und Bettbezüge werden mit leicht aufgeblasenen Luftballonen gefüllt.
Im Gruppenraum werden diese Materialien ausgelegt und laden zu Turnspielen ein. Gemeinsam können die Kinder immer wieder neu verschiedene Hüpflandschaften aufbauen oder sich nur mit einzelnen Angebote beschäftigen.
Hinweis: Gefahrenquellen sollten überprüft und abgeschafft werden.

Wackelbett und Wackelkissen

Alter: ab 4 Jahren **Anzahl:** Teil-/Großgruppe
Material: viele große Wärmflaschen, unterschiedliches Füllmaterial (Sand, warmes Wasser, Erbsen usw.), Tennisbälle, Kissenbezüge, ein aufblasbares Gästebett

Es werden ein oder mehrere Wärmflaschen mit Wasser, Erbsen, Sand oder einfach nur mit Luft befüllt. Die Tennisbälle werden in die Kissenbezüge gefüllt. So entstehen Wackelkissen, die in einen Weidenkorb gelegt werden können. Das Gästebett wird an einem bleibenden Standort aufgestellt und aufgeblasen. Es lädt zum schwingenden Krabbeln, Rollen, Hüpfen und Ruhen ein.

Hinweis: Die Wände, die das Wackelbett berührt, sollten mit Schaumgummi gesichert werden.

Variation

Wackelsteintanz: Ein Tanz auf den Wackelsteinen oder ein Marsch über eine Wackelstraße ist schon etwas anspruchsvoller und fordert lustig heraus.

Bewegungsspiele mit Musik

Auch Kinder mögen es, sich nach klassischer, Marsch- oder Tanzmusik zu bewegen. Es gibt in einem Kindergartenjahr viele Anlässe, die zum Tanzen einladen, Geburtstage, Feste oder Abschied der angehenden Schulkinder. Aber auch ein Stuhlkreis wird mit den Angeboten zu einem gemeinsamen Sing-, Tanz- und Bewegungserlebnis. Viele Angebote können für die Kinder unter drei Jahren genutzt werden.

Bärentanz

Alter: ab 5 Jahren **Anzahl:** Teil-/Großgruppe
Material: Kuschelbär, Musik und Abspielgerät, ggf. bunte Klebepunkte

Die Kinder tanzen allein oder paarweise. Ein Kind oder ein Paar hat den Kuschelbären in der Hand. Beim Tanzen geben die Paare den Bären weiter. Hört die Musik auf, macht das Paar oder das Kind, das gerade den Bären hält, eine Tanzpause und bekommt ggf. einen bunten Klebepunkt auf die Stirn. Am Ende sieht man, wie oft ein Kind oder ein

Paar den Bären in der Hand hatte. Dieses Spiel kann durch verschiedene Gegenstände wie z. B. Glocke, Handfeger oder Kissen schnell zu einem Glocken-, Besen- oder Kissentanz werden.

Luftballontanz

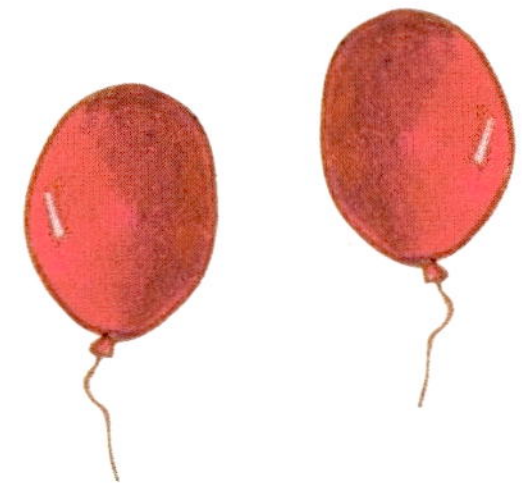

Alter: ab 5 Jahren **Anzahl:** Teilgruppe
Material: Luftballone, Musik und Abspielgerät

Je zwei Kinder bilden ein Tanzpaar und bekommen einen Luftballon. Er wird mit den Bäuchen festgehalten. Die Hände liegen auf dem Rücken. Nun wird nach bewegter Musik getanzt. Das Paar, welches den Ball verliert, macht eine Tanzpause.

Zeitungstanz

Alter: ab 4 Jahren **Anzahl:** Teilgruppe
Material: Zeitungen, Musik und Abspielgerät

Die Kinder stehen paarweise auf einer Zeitung und bewegen sich passend zu der Musik. Hört die Musik auf, wird die Zeitung um ein Stück kleiner gefaltet. Dieses wird, solange es möglich ist, wiederholt. Die Paare müssen immer enger miteinander tanzen.

Schattentanz

Alter: ab 6 Jahren **Anzahl:** Teil-/Großgruppe
Material: Musik und Abspielgerät

Die Kinder stehen paarweise voreinander. Ein Kind gibt die Tanzbewegungen zu der Musik vor, ein anderes macht sie genau nach. Auf ein Signal hin wechseln die Kinder die Rollen. Das Schattentanzen kann auch auf die ganze Gruppe ausgeweitet werden, dann macht ein Kind für alle die Bewegung vor, während die anderen diese nachtanzen.

Variation

Stopptanz: Aus dem Schattentanz wird ein Stopptanz. Wenn die Musik anhält, bleiben alle wie eingefroren stehen, entweder jeder für sich oder auch jeweils die Paare.
Verzauberungstanz: Paare tanzen zusammen und berühren sich nur mit bestimmten Körperteilen (Hände, Bauch, Po usw.). Stoppt die Musik, dann erstarren sie in der Haltung. Spielt die Musik weiter, tanzen sie weiter.

Spurentanz

Alter: ab 4 Jahren **Anzahl:** Teilgruppe
Material: Fingerfarbe, Musik- und Abspielgerät

Mit Fingerfarbe wird zu verschiedenen Musikstücken mit den Händen oder den Füßen gemalt. Auch Lieder wie „Alle meine Entchen“ können zu Bildern werden. Die Kinder singen und malen entsprechend der Melodie die Farbspuren auf das Blatt.

Tanzlied: Viele bunte Blätter

Melodie: „Alle meine Entchen“

Alter: ab 3 Jahren **Anzahl:** Teilgruppe

Viele bunte Blätter,
siehst du hier im Kreis,
siehst du hier im Kreis,
liegen da und träumen,
sind dabei ganz leis (Kinder liegen leise auf dem Boden).

Doch der Wind, er pustet,
weckt die Blätter auf,
weckt die Blätter auf
(ein Kind spielt den Wind),
sie wirbeln durcheinander,
stehen alle auf (Kinder stehen auf und laufen durcheinander).

Viele bunte Blätter
tanzen hin und her,
tanzen hin und her (Kinder tanzen),
der wilde Wind, er pustet,
die Blätter freu'n sich sehr.

Der Wind, er ist nun müde,
zieht zurück nach Haus,
zieht zurück nach Haus,
die bunten Blätter schlafen,
ruhen sich nun aus (Kinder kehren an ihren Platz zurück und legen sich hin).

Variation

Blätterspiele: Blätter können den Schwerpunkt einer Turnstunde bilden. Dazu füllen die Kinder die Turnhalle mit Herbstblättern und entwickeln spielerisch Ideen, die die Freude am Bewegungsspielen mit den Blättern deutlich werden lässt.

Bewegungslied: Es tanzt ein klitzekleines Blatt

Melodie: „Es tanzt ein Bi-Ba-Butzemann"

Alter: ab 3 Jahren **Anzahl:** Teilgruppe

Alle Kinder stehen und sind Blätter. Sie bewegen sich. Ein Blätterkind geht in die Kreismitte und beginnt, dem Liedtext entsprechend, sich tanzend im Kreis zu bewegen. Dann holt es sich, dem Text entsprechend, ein anderes Kind in die Kreismitte. Wird der Schluss gesungen, legen sich die Blätterkinder hin. Die Erzieherin oder ein Kind berührt die Blätterkinder, die dann aufstehen und sich wieder zu den anderen stellen. Das Lied wird beliebig oft wiederholt.

Es tanzt ein klitzekleines Blatt
in diesem Kreis herum, widebum.
Es tanzt ein klitzekleines Blatt
in diesem Kreis herum.
Es rüttelt sich, es schüttelt sich,
alleine tanzen mag es nicht,
drum tanzt das klitzekleine Blatt nun mit dir
(es holt sich ein anderes Kind, das nun mittanzt, die Strophe wird mehrmals wiederholt).

Es fällt ein klitzekleines Blatt
ganz müd im Kreis nun um, widebum.
Es fällt ein klitzekleines Blatt
ganz müd im Kreis nun um.
Es kommt ein Kind vergnügt daher,
hebt alle auf (es berührt jedes Kind, das sich dann wieder hinsetzt),
der Kreis ist leer.
Nun liegt kein klitzekleines Blatt
in diesem Kreis herum.

Bewegungslied: Viele kleine Kellergeister

Melodie: „Zehn kleine Negerlein"

Alter: ab 5 Jahren **Anzahl:** Teilgruppe
Material: weiße Betttücher in der Anzahl der Mitspieler, Stoffschere, für jedes Kind eine Sitzmatte, viele Teelichter im Glas

Im verdunkelten Raum wird mithilfe der Teelichter eine gespenstische Atmosphäre erzeugt. Die Matten werden zu einem Kreis zusammengelegt. Die Kinder sitzen im Kreis und nehmen die Stimmung wahr. Die Erzieherin lädt die Kinder zu einer Versgeschichte ein, die zu dieser Atmosphäre passt. Dazu werden die Liedverse zunächst gesprochen. Sie können mit passenden Fingerbewegungen auch als Fingerspiel dargestellt werden. Danach können sich die Kinder mit den (ggf. zurechtgeschnittenen) Betttüchern als kleine Kellergeister verkleiden. Gemeinsam werden die einzelnen Strophen gesprochen und in Bewegung umgesetzt. Je nach Alter der Kinder werden die Strophen gekürzt. Nach mehrmaligen Wiederholungen wird der Vers gesungen und solange, wie die Kinder Freude daran haben, wiederholt. Der ganze Gruppenraum wird als Bewegungsraum genutzt.

Viele kleine Kellergeister
laufen tripp und trapp.
Die ganze Nacht, die ganze Nacht
die Treppe auf und ab.

Viele kleine Kellergeister
gehen durch den Raum.
Sie schleichen leis, sie schleichen leis,
man hört sie dabei kaum.

Viele kleine Kellergeister
springen froh herum,
sie zappeln schnell, sie zappeln schnell
und fallen gar nicht um.

Viele kleine Kellergeister
hocken in der Eck,
sie sitzen still, sie sitzen still
sie spielen gern Versteck.

Viele kleine Kellergeister
schlafen fröhlich ein,
sie träumen dann, sie träumen dann
von Geistern klitzeklein.

Impulse

Turnangebot: Mit Kisten und Kästen, Kartons und Tüchern wird eine Gespensterlandschaft errichtet und somit ein Turnangebot entwickelt.
Gespenstertänze: Es werden mit unterschiedlichen Musikstücken Gespenstertänze erarbeitet.

Bewegungsgeschichten: Hör zu, mach mit!

Kinder hören gerne Geschichten, sie fiebern mit und das bringt sie in Bewegung. Die Angebote können gekürzt oder ausgeschmückt werden, die Ideen der Kinder bereichern die Handlungen – da bleibt keiner mehr sitzen. Auch hier sind einige Angebote wieder für Kinder unter drei Jahren geeignet.

Herr Langsam und Frau Schnell

Alter: ab 5 Jahren **Anzahl:** Teil-/Großgruppe

Die Kinder versuchen, die Handlungen von Herrn Langsam langsam nachzuahmen, dagegen die von Frau Schnell schnell.

In einem großen Haus wohnt **Herr Langsam**. Er ist, genau wie sein Name sagt, sehr, sehr langsam. Morgens, wenn er aufsteht, braucht er sehr viel Zeit, denn er wäscht sich langsam, zieht sich langsam aus und langsam wieder an, geht langsam zum Frühstückstisch, isst langsam sein Brot, zieht langsam seinen Mantel an und geht dann ganz, ganz langsam die Treppe hinunter, ganz langsam die Straße entlang und es dauert sehr lange, bis er seine Arbeitstelle erreicht hat. Dort schreibt er den ganzen Tag sehr langsam Briefe. Abends geht er wieder langsam nach Hause, geht langsam die Treppe hinauf, zieht langsam seinen Mantel aus, isst langsam sein Abendbrot, zieht sich langsam aus, legt sich langsam ins Bett und schläft langsam ein.

Gegenüber wohnt **Frau Schnell**. Sie ist genau, wie es ihr Name sagt, sehr, sehr schnell. Morgens, wenn sie aufsteht, braucht sie wenig Zeit, denn sie wäscht sich schnell, zieht sich schnell aus und wieder an, geht schnell zum Frühstückstisch, isst schnell ihr Brot, zieht schnell ihren Mantel an und geht dann ganz, ganz schnell die Treppe hinunter, schnell die Straße entlang und es dauert nicht lange, bis sie ihre Arbeitsstelle erreicht hat. Dort schreibt sie den ganzen Tag schnell viele Briefe. Abends geht sie wieder schnell nach Hause, geht schnell die Treppe hinauf, zieht schnell ihren Mantel aus, isst schnell ihr Abendbrot, zieht sich schnell aus, legt sich schnell ins Bett und schläft ganz schnell ein.

Herr Langsam und Frau Schnell begegnen sich leider nie, denn dafür ist Herr Langsam zu langsam und Frau Schnell zu schnell.

Das bewegte Haus

Alter: ab 4 Jahren **Anzahl:** Teil-/Großgruppe

Die Kinder führen gemeinsam die Bewegungen der Familien durch. Bei Kindern unter drei Jahren werden die Bewegungen zunächst nur auf „klein" und „groß" beschränkt und von der Erzieherin mitgemacht.

In einem großen Haus wohnt Familie **Vor**, Familie **Zurück**, Familie **Klein** und Familie **Groß**. Sie kennen sich gut und machen auch viel miteinander. Jeden Sonntag treffen sich Familie **Vor**, Familie **Zurück**, Familie **Klein** und Familie **Groß** auf der Wiese, um dort miteinander zu spielen. Die Kinder der Familie **Vor**, der Familie **Zurück**, der Familie **Klein** und der Familie **Groß** spielen miteinander Verstecken oder auch Fangen. Die Eltern unterhalten sich und alle haben viel Spaß. Erst am Abend gehen Familie **Vor**, Familie **Zurück**, Familie **Klein** und Familie **Groß** nach Hause. Unterwegs treffen sie oft noch Herr und Frau **Hüpf** und Familie **Trampel**. Sie wohnen auch in dem großen Haus, in dem sich alle gut verstehen. Als der Mond am Himmel steht, ist es still in dem Haus, denn Familie **Vor**, Familie **Zurück**, Familie **Klein**, Familie **Groß**, Herr und Frau **Hüpf** und Familie **Trampel** liegen im Bett und schlafen.

Variation

Bewegungsgruppen: Die Geschichte kann auch so dargestellt werden, dass die Kinder in Bewegungsgruppen aufgeteilt werden und jeweils nur ihre Bewegung durchführen.
Viele Familien: Ergänzungen wie Familie Schnell und Langsam, Dick oder Dünn können diese Mitmachgeschichte noch erweitern.

Das allerschönste Tanzmariechen

Alter: ab 4 Jahren **Anzahl:** Teilgruppe

Bei dem Wort „Tanzmariechen" stehen alle Kinder auf und drehen sich einmal im Kreis.

Christin freut sich jedes Jahr auf Karneval, denn dann bewundert sie die **Tanzmariechen**. Sie ist begeistert von ihnen. Niemand kann so schön springen, sich drehen oder tanzen wie die **Tanzmariechen**. Schon lange weiß sie, dass auch sie einmal ein **Tanzmariechen** werden will. Jedoch dauert das noch einige Jahre, denn jetzt ist sie noch viel zu klein. Eines Nachts, nachdem Christin wieder einmal die **Tanzma-**

riechen im Fernsehen beobachtet hat, hat sie einen wunderschönen Traum: Sie ist **Tanzmariechen** und tanzt zusammen mit vielen anderen auf einer großen Bühne. Dabei wird sie von bunt verkleideten Menschen bejubelt. Sie klatschen begeistert und Christin muss immer wieder tanzen. Sie fühlt sich wundervoll als **Tanzmariechen**. Sie ist so glücklich, dass sie ihr ganzes Leben nur noch tanzen möchte. Die Menschen lassen Ballons knallen und von diesem Krach wird sie wach. Christin öffnet die Augen und schaut verwirrt um sich. Alles war nur ein **Tanzmariechen**-Traum. Sie liegt wie immer in ihrem Bett und nichts von dem, was sie geträumt hat, ist wahr. Christin steht auf und geht wie jeden Morgen in den Kindergarten. Dort bereiten sie schon seit einigen Tagen ihr Karnevalsfest vor. Zusammen mit den anderen Kindern bastelt Christin Hüte, Masken, malt Luftballone an, hört schöne Geschichten und singt lustige Lieder. Als sie nach Hause kommt, macht ihre Mutter mit strahlendem Gesicht die Haustür auf. Die Mutter nimmt sie an die Hand und führt sie in ihr Zimmer. Nun muss Christin sich die Augen zuhalten und bis drei zählen. Ganz langsam zählt sie: „Eins, zwei, drei!“, und dann öffnet sie die Augen. Christin traut ihren Augen nicht. Freudestrahlend umarmt sie ihre Mutter und ruft: „Ein **Tanzmariechen**kostüm, das hätte ich nie gedacht.“

Christin möchte das Kostüm natürlich sofort anprobieren. Es passt wie angegossen. Stolz betrachtet sie sich im Spiegel. Sie dreht und wendet sich nach allen Seiten und findet sich wunderschön. Sie spielt nun bis zum Abend **Tanzmariechen**, dreht sich im Kreis und übt Luftsprünge.

Von diesem Tag an probiert Christin das Kostüm jeden Nachmittag an, übt Luftsprünge und dreht sich im Kreis. Christin kann es bis zum Karnevalsfest im Kindergarten kaum erwarten. Endlich, nach langem Warten ist der Tag da, an dem sie ihr **Tanzmariechen**kostüm allen anderen im Kindergarten vorstellen kann. Stolz dreht sie sich im Kreis und springt in die Luft. Die Kinder aus ihrer Gruppe sind begeistert und Christin ist fast so perfekt wie ein richtiges **Tanzmariechen**. Der Tag ist wunderschön. Christin wird wie in ihrem Traum von allen bewundert und bekommt viel Applaus.

Am Abend legt sie ihr **Tanzmariechen**kostüm auf den Stuhl und als sie im Bett liegt, schaut sie es sich noch lange an. Dabei denkt sie an den wunderschönen Tag im Kindergarten und morgen, wenn sie wach wird, dann will sie wieder **Tanzmariechen** sein.

Impulse

Bewegungsgeschichte: Es kann aus dieser Geschichte eine Bewegungsgeschichte werden, indem alle Bewegungen gespielt werden.

Tanzangebot: Mit Unterstützung unterschiedlicher Musik können Tänze mit den Kindern erarbeitet werden.

Zirkusprojekt: Das Thema Zirkus kann über diese Geschichte mit den Kindern zu einem Projekt gestaltet werden, indem sie Kunststücke gemeinsam erarbeiten, die den Kindern aus der Kita vorgestellt werden.

Die drei munteren Freunde

Alter: ab 3 Jahren **Anzahl:** Teil-/Großgruppe

Werden die Tiere in der Geschichte genannt, so machen die Kinder die genannten Bewegungen nach. Bei jüngeren Kindern spielt die Erzieherin mit.

Draußen auf einer Wiese und im Wald wohnen seit vielen Jahren der **Frosch Quak**, die **Biene Summ** und die **Schnecke Rutsch**. Sie sind Freunde und niemals macht einer etwas ohne den anderen. Den ganzen Tag über hüpfen, fliegen, kriechen oder klettern sie in ihrem Wald und auf der Wiese umher. Manchmal spielen sie Verstecken hinter großen Steinen, kriechen in hohle Baumstämme oder fliegen auf Bäume. Manchmal balancieren sie über dicke und dünne Baumstämme, springen auf riesige und winzige Steine oder ruhen sich im Gras aus. Der Frosch **Quak** ist der Älteste unter den drei Freunden und deshalb oft viel früher müde als die **Schnecke Rutsch** und die **Biene Summ**. Dann setzt er sich auf einen Stein oder einfach nur ins Gras und schaut der **Schnecke Rutsch** und der **Biene Summ** beim Kriechen, Fliegen und Krabbeln zu. Die **Schnecke Rutsch** und die **Biene Summ** werden niemals müde. Erst wenn es dunkel wird, dann müssen sich die **Schnecke Rutsch**, die **Biene Summ** und der **Frosch Quak** voneinander verabschieden. Die **Schnecke Rutsch** kriecht in ihr Schneckenhaus, die **Biene Summ** auf eine Blume und der **Frosch Quak** in seinen Teich. Dort ruhen sie sich bis zum nächsten Morgen aus.

Impuls

Turnen mit psychomotorischem Ansatz: Mit Kästen, Kisten, Bänken und anderen Kleinturngeräten wird eine Landschaft aufgebaut und die Kinder können kriechen, krabbeln, klettern, fliegen und spielen wie die drei Freunde.

Familie Kunterbunt

Alter: ab 4 Jahren **Anzahl:** Teilgruppe
Material: kleine einfarbige Servietten in Lila, Rot, Blau, Orange, Gelb, Braun und Grün

Die Kinder wählen sich eine Farbe aus und nehmen die Serviette in die Hand. Wird in der Geschichte eine Farbe genannt, stehen die entsprechenden Kinder einmal auf und setzen sich wieder. Bei „Kunterbunt" stehen alle auf.

Es ist Sonntag und Familie **Kunterbunt** liegt noch im Bett. Sie haben heute Zeit und können lange schlafen. Frau **Rot** liegt ruhig neben ihrem Mann Herrn **Gelb**, und beide schlafen noch tief und fest. Nebenan im Kinderzimmer liegen das kleine **Braun**, das kleine **Grün**, das kleine **Blau** und das kleine **Orange** in ihren Betten und schlafen. Nur das kleine **Lila**, das ist schon wach. Leise steht es auf, schaut in die Betten der Geschwister und sieht, wie das kleine **Braun**, das kleine **Grün**, das kleine **Blau** und das kleine **Orange** noch fest schlafen. Das kleine **Lila** schleicht aus dem Zimmer, um nach seinen Eltern zu schauen. Doch leider liegt Papa **Gelb** noch schlafend neben Mama **Rot**. Im Haus der Familie **Kunterbunt** ist außer dem kleinen **Lila** immer noch niemand wach. Darum spielt das kleine **Lila** allein mit seinen Puppen. Doch nach einiger Zeit langweilt es sich sehr. Nun sollen aber alle aufstehen. Es will Familie **Kunterbunt** aufwecken. Zuerst stürzt es in das Bett von Papa **Gelb** und Mama **Rot** und kitzelt sie wach. Es dauert nicht lange, da öffnen beide die Augen. Mama **Rot**, Papa **Gelb** und das kleine **Lila** kuscheln sich noch ein wenig unter der Bettdecke. Doch das kleine **Lila** hat keine Ruhe. Es muss zu seinen Geschwistern. Brüllend wie ein Löwe stürzt das kleine **Lila** in das Kinderzimmer. Doch nichts rührt sich. Die Geschwister schlafen noch fest. Wütend läuft das kleine **Lila** zu den Betten und zieht dem kleinen **Braun**, dem kleinen **Grün**, dem kleinen **Blau** und dem kleinen **Orange** die Bettdecke weg. Jetzt hat das kleine **Lila** es geschafft, die ganze Familie **Kunterbunt** ist wach. Gemeinsam machen sie ihre Morgengymnastik *(alle machen die Bewegungen eines Hampelmanns)* und dann geht es an den Frühstückstisch.

Impuls

Turnen mit psychomotorischem Ansatz: Zu einer solchen Turnstunde zum Thema Farben entwickeln die Kinder Roll-, Wurf- und Transportspiele mit farbigen Bällen, Reifen oder Luftballonen. Transporthilfsmittel können Eimer, Würstchenzangen, Kochlöffel oder Fliegenklatschen sein. Als Wurfziele bieten sich Flaschen, Dosen oder unterschiedlich große Tore aus Kartons an. Gerollt werden können auch gefüllte Plastikflaschen (Kegel).

Bunte Abenteuer mit Bällen

Alter: ab 5 Jahren **Anzahl:** Teilgruppe
Material: je zwei gelbe, blaue, grüne und rote Tennisbälle, Luftballone

Die Tennisbälle werden mit farbigen Luftballonen überzogen. Dazu schneidet man den Hals des Luftballons ab und zieht ihn ganz über den Tennisball. Acht Kinder nehmen sich je einen farbigen Tennisball. Die Erzieherin erzählt die Geschichte und sobald eine Farbe genannt wird, wirft das Kind seinen Ball in der passenden Farbe einmal in die Luft und fängt ihn auf. Eine andere Möglichkeit ist es, den Ball einmal auf den Boden zu prellen und zu fangen.

Es waren einmal zwei große kugelrunde, fröhliche und putzmuntere **gelbe** Bälle. Sie sprangen von morgens bis abends ausgelassen und vergnügt umher. Doch immer nur mit einem **gelben** Ball zu springen, machte beiden eines Tages auch keinen Spaß mehr. Also beschlossen sie, in die Welt hinaus zu springen, um Abenteuer zu erleben. Als die zwei **gelben** Bälle ein Stück des Weges gesprungen waren, trafen sie zwei **blaue** Bälle. Auch sie sprangen putzmunter umher. Die **gelben** Bälle blieben stehen und schauten den **blauen** Bällen zu. Als auch diese eine Pause machten, erzählten die **gelben** Bälle den **blauen** Bällen, dass sie auf dem Weg in die weite Welt seien, um Abenteuer zu erleben. Das machte die **blauen** Bälle neugierig und sie beschlossen mitzukommen. Also sprangen nun die **gelben** Bälle und die **blauen** Bälle gemeinsam in die weite Welt hinaus. Nach einem langen Marsch ruhten sie sich auf einer Wiese aus. Gerade als sie ein Mittagsschläfchen halten wollten, hüpften zwei quietschfidele **rote** Bälle an ihnen vorbei. Flink wie zwei junge Hasen hüpften sie hin und her. Als die **roten** Bälle die **gelben** Bälle und **blauen** Bälle im Gras liegen sahen, blieben sie stehen. Sofort erzählten die **gelben** und die **blauen** Bälle den **roten** Bällen, dass sie gemeinsam in die weite Welt hinaus hüpfen wollten, um Abenteuer zu erleben. „Das macht auch uns Spaß", riefen die **roten** Bälle und hüpften mit. Nun hüpften die **roten** Bälle, die **blauen** Bälle und die **gelben** Bälle gemeinsam in die Welt hinaus. Als es Abend wurde, legten sich alle Bälle unter einem Baum, um zu schlafen.

Am nächsten Morgen wurden die **gelben** Bälle durch starkes Rütteln und Schütteln geweckt. Vor ihnen standen zwei **grüne** Bälle. „Wir wollen hinaus in die weite Welt", sagten die **grünen** Bälle zu den **gelben** Bällen. „Wir auch", sagten die **gelben** Bälle und sie machten sich gemeinsam auf den Weg. Doch, o Schreck, nach wenigen Metern dachten die **gelben** Bälle an ihre Freunde. Schnell hüpften sie zurück und weckten die **roten** Bälle und die **blauen** Bälle. Nun war ein kunterbuntes

Hüpfen zu beobachten. Fröhlich sprangen **gelbe** Bälle, **rote** Bälle, **blaue** Bälle und **grüne** Bälle in die Welt hinaus, um Abenteuer zu suchen. Plötzlich jedoch waren die **gelben** Bälle verschwunden *(die gelben Kinder verstecken sich im Raum/die gelben Bälle werden hinter dem Rücken versteckt)*. Wenige Meter später sah man auch die **roten** Bälle nicht mehr *(Spielverlauf wie beschrieben)*. Nun hüpften nur noch die **grünen** Bälle und **blauen** Bälle umher. Sie waren immer noch auf der Suche nach Abenteuern. Doch plötzlich waren auch die **blauen** Bälle verschwunden *(Spielverlauf wie beschrieben)*. Als die **grünen** Bälle sich umschauten, waren sie nur noch alleine übrig. Jetzt suchten nur noch die **grünen** Bälle nach ihrem Abenteuer. Plötzlich aber gab es einen starken Sturm und mit einem Mal waren auch die grünen Bälle verschwunden *(Spielverlauf wie beschrieben)*.

Impulse

Bewegungsgeschichte: Nun werden alle Bewegungen gemacht, die hier in der Geschichte genannt werden. Eine kunterbunte Hüpferei entsteht.

Spiele mit Bällen: Gemeinsam mit den Kindern werden Ballspiele neu entdeckt und neu entwickelt.

Stuhlkreis: Alles, nur nicht still sitzen

Die Bewegungsfreude macht nicht vor dem Stuhlkreis halt und mit den folgenden Liedern kann sie im Handumdrehen aufgegriffen werden. Spielerisch starten die Impulse mit kleinen Bewegungen bis schließlich der ganze Körper eingebracht werden kann. Die einzelnen Strophen können öfters wiederholt werden.

Lied: Es geht ein Zi-Za-Zappelmann

Melodie: „Es tanzt ein Bi-Ba-Butzemann"

Alter: ab 3 Jahren **Anzahl:** Teil-/Großgruppe

Es geht ein Zi-Za-Zappelmann
in diesem Kreis herum, dideldum,
es geht ein Zi-Za-Zappelmann
in diesem Kreis herum (im Kreis gehen).
Die Finger zappeln hin und her (stehenbleiben und Finger bewegen),
das freut den Zappelmann so sehr.
Es geht ein Zi-Za-Zappelmann
in diesem Kreis herum (im Kreis gehen).
Es geht ein ...

Weitere Strophen (Kinder bewegen sich entsprechend der Angaben):
... Die Arme zappeln hin und her ...
... Der Kopf, der wackelt hin und her ...
... Der Po, der wackelt hin und her ...
... Der Bauch, der wackelt hin und her ...
... Die Beine wackeln hin und her ...
... Der Körper wackelt hin und her ...
... Der Zappelmamm, der ruht sich aus,
er zappelt langsam nun nach Haus ...

Lied: Schaut her, ich bin der Hampelmann!

Melodie: „Ein Vogel wollte Hochzeit machen"

Alter: ab 3 Jahren **Anzahl:** Teil-/Großgruppe

Schaut her, ich bin ein Hampelmann,
ich zeig dir nun, was ich so kann
(mit dem Finger auf sich zeigen).
Fiderallala, Fiderallala, Fiderallalalala
(wie ein Hampelmann mit Armen und
Beinen hampeln).

Ich nicke mit dem Kopf und dann,
fange ich zu hampeln an
(mit dem Kopf nicken) ...

Ich heb die Arme, schau und dann,
fange ich zu hampeln an
(Arme heben) ...

Ich heb die Beine, schau und dann,
fange ich zu hampeln an
(abwechselnd die Beine heben) ...

So hampel ich den ganzen Tag,
weil ich das Hampeln gerne mag
(mit Armen und Beinen hampeln) ...

Und bin ich müd', geh ich zur Ruh,
und mache meine Augen zu.
(in die Hocke gehen)
Fiderallala, Fiderallala, Fiderallalalala
(leise summen).

Lied: Viele Hampelmänner

Melodie: „Alle meine Entchen"

Alter: ab 3 Jahren **Anzahl:** Teil-/Großgruppe

Viele Hampelmänner
hampeln auf und ab (alle Kinder bewegen
sich als Hampelmänner),
hampeln auf und ab,
sind ganz froh und munter,
werden niemals schlapp.
(bei der Wiederholung abwechselnd:
Hocke/Stehen/Hocke/Stehen usw.)

Viele Hampelmänner
wippen hin und her,
wippen hin und her,
winken mit den Händen,
das ist gar nicht schwer.
(rechtes Bein und rechte Hand, linkes Bein
und linke Hand seitlich anheben)

3 HEUTE IST TURNTAG!

Der Turntag ist für viele Kinder und auch für viele Pädagoginnen ein sehr wichtiger Tag. Er ist ein bedeutsames Ritual – ein roter Faden – welcher den Kindern hilft, den Wochenrhythmus in einer Kita zu verinnerlichen. Besonders ist der Tag schon, weil es in den Turnraum geht, aus der Gruppe heraus, und häufig sogar besondere Kleidung für das Turnen angezogen wird. Im Mittelpunkt stehen beim Turntag die gemeinsame Freude an der Bewegung und die Freiwilligkeit, nicht das Trainieren und Üben. Die Pädagogin gibt den Kindern nur einen Anlass zur Bewegung, über den Verlauf bestimmen die Kindern mit, sie entscheiden, ob und wie sie mitmachen und die Bewegung gestalten. So wird der Turntag für alle ein Erlebnistag, an dem jeder seinem Bewegungsbedürfnis entspannt nachkommen kann.

Bewegungslandschaften: Spannende Reise-Abenteuer

Eine Reise ist immer mit Abenteuern verbunden, egal, wohin es geht. Die Geschichten führen in die Bewegungslandschaften ein und lassen den Kindern anschließend Raum, um eigene Ideen und Vorstellungen zu erleben und auszuprobieren.

Eine abenteuerliche Reise

Alter: ab 5 Jahren **Anzahl:** Teilgruppe
Material: Leiter(n), Sprossenwand, Kriechschlauch, Kästen, dicke (blaue) Matte, grüne Decke, Turnbank

Mehrere Betttücher werden zu einem Kriechschlauch für die Kinder zusammengenäht. Im Turnraum wird eine Bewegungslandschaft aufgebaut. Die grüne Decke wird in eine Raumecke gelegt.
Die Kinder setzen sich auf die grüne Decke und die Erzieherin lädt die Kinder zu einer abenteuerlichen Reise ein. Zunächst erzählt sie die Spielgeschichte ohne die Bewegungen. In einem zweiten Durchgang kommen die Bewegungen dazu, die an den einzelnen Stationen der Reise anfallen, alle reisen nun zusammen und bewegen sich gemeinsam. Zum Abschluss werden die Kinder eingeladen, mit Unterstützung der Geschichte weitere Abenteuer zu erleben.

Heute lade ich euch zu einer Reise in eine Gegend ein, da gibt es Berge, Täler und Schluchten. Dort muss man klettern, balancieren und schon ganz schön mutig sein. Um dorthin zu kommen, fliegen wir erst viele Stunden mit dem Flugzeug. Wir steigen nun in einen riesengroßen Jumbo *(die Kinder gehen hintereinander in die Hocke)*. Langsam startet der große Flieger *(die Kinder gehen langsam hoch)* und wir fliegen mit ihm durch die Wolken *(die Kinder breiten die Arme aus und laufen durch den Raum)*.

Nach einem langen Flug landen wir und unsere Reise kann beginnen. Zuerst müssen wir über eine ganz schmale Brücke. Sie führt über einen reißenden Fluss *(die Kinder gehen über die schmale Seite der Bank, diese wird auf zwei Kästen gesetzt, damit sie etwas höher steht)*.

Wir schauen nach unten und sehen den Fluss tief unter uns. Doch dann haben wir es geschafft. Unser Weg führt uns weiter und nun stehen wir vor einem großen Berg. Den wollen wir gemeinsam besteigen *(eine Leiter wird an eine Sprossenwand gestellt, die Kinder klettern hinauf)*. Oben angekommen gehen wir über eine Hängebrücke, die uns auf einen anderen Berg bringt *(eine Bank wird mit der einen Seite an der Sprossenwand befestigt und mit der anderen Seite z. B. auf einen Kasten gelegt, darüber müssen die Kinder balancieren)*.

Die abenteuerliche Reise geht weiter. Nun liegt eine breite Schlucht vor uns. Wir müssen über einen dünnen Baumstamm balancieren, der uns auf die andere Seite bringt *(eine Bank wird wieder an der Kletterwand aufgebaut und auf ein höheres anderes Turngerät gelegt, über diese Bank müssen die Kinder balancieren)*.

Unser Weg führt uns zu einer Höhle, in die wir gemeinsam gehen *(die Kinder krabbeln durch den Stofftunnel)*. Am Ende des Tunnels erwartet uns wieder eine steile Bergwand, die wir gemeinsam erklimmen *(eine Leiter wird an die Sprossenwand gehängt, die Kinder klettern hinauf)*. Oben angekommen springen wir in einen glasklaren Bergsee *(die Kinder springen auf eine dicke blaue Matte)*. Auf einer großen Wiese ruhen wir uns aus *(die Kinder setzen sich auf eine grüne Decke)*.

Nach einigen Stunden machen wir uns auf den Heimweg. Wir müssen nun den abenteuerlichen Weg noch einmal gehen *(die Kinder gehen jede Station zurück und machen dort die entsprechenden Übungen)*.

Wir haben es geschafft. Wir steigen ins Flugzeug. Es bringt uns in unsere Heimat zurück *(die Kinder breiten die Arme aus und laufen durch den Raum)*. Auf dem Rückflug schauen wir uns noch einmal um. Wir sehen die Berge, die Schluchten, die reißenden Bäche und sind stolz. Wir waren ganz schön mutig *(die Kinder schauen sich die einzelnen Stationen der Bewegungslandschaft noch einmal an)*. Das Flugzeug landet. Wir steigen aus und die abenteuerliche Reise ist beendet.

Flink und geschwind wie die Indianer sind

Alter: ab 5 Jahren **Anzahl:** Teilgruppe

Material: Kästen, Banke, Leitern, Matten, Ringe, Hüpfbälle, Stofftunnel oder Kriechfässer, Trampolin, dicke Taue, eine Trommel, grüne Decke, für jedes Kind eine besonders lange und auffällige Feder

Zu Beginn sitzen die Kinder auf der grünen Decke, in einer kurzen Geschichte erfahren sie etwas über den Indianerjungen Jo. Im Turnraum wird nach der Einführungsgeschichte aus den Materialien ein Turn- und Klettergelände aufgebaut. Die Kinder werden nun eingeladen, Indianer zu sein und in den folgenden Spielen auch ihren Mut, ihre Kraft und ihre Geschicklichkeit zu beweisen. Allerdings sind die angegebenen Impulse nur Vorschläge und sollten immer Platz lassen für Ideen der Kinder. Abschließend treffen sich alle wieder auf der Decke und können ihre Empfindungen und Ängste, die bei den Spielen entstanden sind, den anderen Kindern mitteilen. Danach bekommt jeder eine besonders lange Feder, die ihn als mutigen Indianer auszeichnet.

Die Bewegungslandschaft lädt auch jüngere Kinder zum Spielen und Ausprobieren ein. Dazu kann die Geschichte weggelassen werden. Bei den einzelnen Stationen kann die Erzieherin Naturorte (Berge, Täler, Höhlen usw.) beschreiben.

Den Indianerkindern wird von klein auf gesagt, dass ein guter Indianer Mut und Kraft haben und geschickt sein muss. Damit aus jedem Indianerkind einmal ein mutiger Indianer wird, üben die Eltern mit ihren Kindern in vielen Spielen das Klettern, das Balancieren, das Springen und das Überwinden von gefährlichen Hindernissen. Diese Spiele machen alle Kinder sehr gerne mit, denn sie wissen, dass sie dadurch mutig und kräftig werden. Einmal in der Woche treffen sich die Eltern mit ihren Kindern in der Dorfmitte und bauen dort ihre Kletterlandschaft auf.

Alle sind mit Freude bei der Sache. Nur Jo nicht, denn er hat Angst. Er mag nicht balancieren, nicht klettern, nicht springen. Wenn sein Vater mit ihm zu dem Treffpunkt gehen will, dann hat er immer eine Ausrede. Mal hat er Bauchweh, mal hat er Kopfschmerzen oder auch Ohrenschmerzen. Doch sein Vater duldet diese Ausreden nicht. Er nimmt ihn an die Hand und dann gehen sie zum Treffpunkt. Dort warten alle schon auf ihn. Während die anderen Kinder beim Klettern, Balancieren und Springen viel Spaß haben, hat Jo Angst. Wenn er alles überstanden hat, dann ist er richtig froh.

Die Tage vergehen und Jo übt jeden Tag, denn er will auch ein mutiger Indianer werden. Zu seiner Freude wird er immer sicherer im Klettern, Springen und Balancieren, schließlich hat er eines Tages keine Angst mehr. Freudig springt, klettert und balanciert er mit den anderen Kindern und ist nun genauso mutig, kräftig und geschickt wie sie.

Sein Vater ist stolz auf ihn und sagt: „Siehst du, nun bist du auf dem besten Weg ein tapferer Indianer zu werden. Bald können wir gemeinsam Wildpferde einreiten *(Hüpfbälle)*. Wir können Täler überqueren *(Sprungkästen, Laufbalken, Turnbänke)* und Seen überwinden *(an Ringen/Tauen über Matten schwingen)*. Kein Berg wird uns zu hoch sein *(Leitern)*, keine Höhle zu dunkel *(Stofftunnel, Kriechfässer)* und kein Weg zu weit *(Trommel: Laufen, Stoppen, Richtungswechsel)*. Bäche werden wir einfach überspringen *(Trampolin, Matten mit Abständen auslegen)*. Wir werden viele Abenteuer zusammen erleben."

Quer durch den Dschungel

Alter: ab 5 Jahren **Anzahl:** Teilgruppe

Material: grüne Decke, Tamburin und Schlägel, Gymnastikstäbe in der Anzahl der Kinder (Segelflugzeuge), Geh-Hindernisse für Dschungelweg (ca. drei Sitzhocker, drei Holzbausteine, drei Plastikeimer, mehrere Kissen, mit Sand gefüllt Wärmflaschen usw.), Boote passend für die Anzahl der Mitspieler (pro Boot mit zwei Kindern eine Matte, drei Gymnastikreifen), Berg (Sprossenwand, Leiter, blaue Matten zur Absicherung), Paddelboote (Rollbretter in der Anzahl der Mitspieler, Paddel sind Gymnastikstäbe), Schwungseile oder Ringe, Brücke (Leiter, zwei Kästen oder Trapezblöcke), Klanginstrumente (Rasseln, Trommeln usw.), ein rotes Tuch und mehrere Äste (Feuer), Musik (ruhig, Wasser- und Windgeräusche) und Abspielgerät

Das Material steht griffbereit im Turnraum. Die Decke wird in einer Raumecke ausgebreitet. Die Kinder setzen sich in Turnzeug darauf. Die Erzieherin initiiert ein Gespräch zum Thema Urlaubsziele und erzählt dann von der Abenteuerreise in einer Bewegungsgeschichte. Sie kann beliebig gekürzt und verändert werden. Zum Abschluss können die Kinder über ihre Erfahrungen berichten.

Wie jedes Jahr im Sommer reisen viele Menschen in andere Länder. Auch wir wollen heute eine Reise machen. Ich lade euch ein, mit mir in den Dschungel nach Afrika zu kommen. Dort besuchen wir den Stamm der Pinkis. Es sind Bewohner des Dschungels, die uns zu einem Regenfest eingeladen haben. Ich habe schon ein Flugzeug für uns alle gemietet. Es ist aber ein ganz besonderes Flugzeug. Wir segeln mit ihm. Doch das **Segelflugzeug** steht auf einem großen Flugplatz. Dorthin müssen wir erst einmal gemeinsam laufen *(Laufen nach Tamburinschlag)*. Weil wir uns auf diese Reise freuen, springen und hüpfen wir ausgelassen umher *(nach Tamburinschlag durch den Raum springen und hüpfen)*. In der Ferne sehen wir schon das Flugzeug. Wir wollen es möglichst schnell erreichen, darum laufen wir so schnell es geht *(nach Tamburinschlag schnell laufen)*.

Wir sind da. Voller Erwartungen steigen wir ein und schon segeln wir los *(die Kinder fassen einen Gymnastikstab mit beiden Händen in der Mitte an, stellen sich hintereinander auf und machen genau die Bewegungen des Piloten (Erzieherin) nach)*. Der Wind steht gut und das Segelflugzeug fliegt lautlos am Himmel entlang. Unser Ziel ist der Dschungel von Afrika. Nach einigen Stunden kommen wir dort an. Wir steigen aus und machen uns nun auf den Weg in eine unbekannte Welt *(die Kinder benutzen den Gymnastikstab als Wanderstab)*.

Der Weg in den **Dschungel** ist sehr uneben und wir müssen schon beim Gehen sehr gut aufpassen *(Sitzhocker, dicke Holzbausteine, umgedrehte Eimer, Kissen, Wärmflaschen usw. werden zu einem Weg zusammengelegt)*.

Nach einiger Zeit kommen wir an einen Fluss. O je, wie kommen wir nur zur anderen Seite? Versteckt hinter hohem Schilf sehen wir einige alte **Boote**. Sie sind schon sehr morsch und wir müssen sie erst einmal wieder fahrtüchtig machen *(Bauanleitung für die Boote: durch drei Reifen wird eine Matte gezogen, jeweils zwei Kinder setzen sich in ein Boot)*. Die Strömung des Flusses ist stark und unser kleines Boot schwankt hin und her *(durch ihre Körperbewegung bringen die Kinder das Boot zum Schaukeln)*. Doch wir schaffen es, den Fluss zu überqueren und machen uns weiter auf den Weg. Bei jedem Schritt wird der Dschungel dichter. Wieder ist der **Dschungelweg** uneben und sehr gefährlich *(erneut den Fußweg mit Hindernissen gehen)*. Plötzlich stehen wir vor einem riesigen **Berg**, den müssen wir nun erklimmen *(die Leiter wird an die eine Seite der Sprossenwand gestellt und Matten, die auf dem Boden liegen, sichern die andere Seite ab, die Kinder klettern die Leiter hinauf)*. Oben führt nur ein sehr schmaler Weg durch dichtes, dorniges Gestrüpp. Da wir nicht durch das Gestrüpp gehen wollen, springen wir mutig in das kalte Wasser eines Sees *(auf die Matten springen)*. Doch der See ist endlos groß und wir können ihn nicht durchschwimmen. Da entdecken

wir dünne Äste und dicke Baumstücke. Sie schwimmen genau auf uns zu. Schnell klettern wir hinauf, ergreifen einen dünnen Ast und **paddeln** so durch den See *(die Kinder setzen sich auf Rollbretter und stoßen sich mit Gymnastikstäben vorwärts)*. Am anderen Ufer geht es dann weiter, wieder einen sehr unebenen **Dschungelweg** entlang in den dichten Dschungel hinein *(den oben genannten Fußweg gehen)*.

Die Sonne brennt und dicke Schweißtropfen laufen von unserer Stirn. Wir setzen uns in den Schatten eines Baumes und ruhen uns dort ein wenig aus. Es ist still hier. Man hört nur den Wind, einige Vögel und beruhigendes Plätschern eines Baches *(die Kinder legen sich auf eine Decke, schließen die Augen und lauschen ruhiger Musik/Wasser und Windgeräusche)*.

Nach einer erholsamen Pause gehen wir den **Dschungelweg** weiter *(den unebenen Fußweg gehen)*. Mit einem Mal stehen wir vor einer tiefen Schlucht. Wir müssen sie über eine schmale **Brücke** überqueren *(eine Leiter wird auf eine Erhöhung z. B. zwei Kästen oder Trapezböcken gelegt)*. Auf der anderen Seite der Schlucht geht der **Dschungelweg** weiter *(über den unebenen Fußweg gehen)* und führt zu einem reißenden Wasserfall und einem glasklaren, kleinen See. Hier führt keine Brücke zur anderen Seite. Da entdecken wir dicke und dünne Zweige. Sie sehen aus wie **Seile** *(Seile oder Ringe werden aufgehängt)*. An diese hängen wir uns und schwingen ans andere Ufer. Nun ist es nicht mehr weit. Das Dorf der Pinkis ist ganz in der Nähe. Der Weg führt noch einmal durch eine dichte Pflanzenwelt und wir müssen über dicke und dünne **Baumstämme** balancieren *(zwei Bänke, die mit der Breit- und Schmalseite aufgestellt werden)*.

Endlich haben wir unser Ziel erreicht. Die Dorfbewohner haben uns schon erwartet, sie wollen mit uns das Regenfest feiern. Zusammen mit den Pinkis suchen wir Holz für ein **Feuer** *(gemeinsam wird eine Feuerstelle gebaut)*, dann verteilen sie ihre **Klanginstrumente** und wir spielen gemeinsam auf den Instrumenten. Die Gesänge laden uns zum Tanzen und Singen ein *(die Kinder nutzen die Klanginstrumente für die Dschungelmusik)*. Tief in der Nacht legen wir uns müde auf das für uns errichtete Lager *(die Kinder ruhen sich auf der Decke aus)*.

Am anderen Morgen bringen uns einige Dorfbewohner sicher mit ihren **Paddel-Booten** nach Hause. Sie kennen einen anderen Weg *(jedes Kind bekommt ein Rollbrett und einen Gymnastikstab)*. Auf ihm kommen wir schnell zu unserem **Segelflugzeug**. Wir sind an unserem Flugzeug. Dort steigen wir vom Boot und in das Flugzeug *(jedes Kind fasst seinen Stab an und läuft hinter der Erzieherin her)*. Nach einigen Stunden sind wir wieder in unserem Land. Wir steigen aus dem Flugzeug, verabschieden uns von den anderen Fluggästen und gehen nach Hause zurück *(die Kinder legen den Stab weg, geben sich die Hand und gehen auf die Decke)*.

Reisen im Frühling

Alter: ab 4 Jahren **Anzahl:** Teilgruppe
Material: ein Seil, eine grüne Decke, zwei Bänke, mehrere Kisten, Kästen oder Hocker

Im Turnraum wird die grüne Decke in eine Ecke gelegt und das Seil wird ausgebreitet. Eine Bank wird aufgestellt, eine andere steht umgedreht. Kisten, Kästen und Hocker werden im Raum verteilt. Die Kinder ziehen ihre Turnbekleidung an und setzen sich auf die grüne Decke. Die Erzieherin deutet auf den vorbereiteten Raum und erklärt, dass diese Dinge gleich eine wichtige Rolle spielen. Sie lädt die Kinder ein, der Geschichte entspannt zuzuhören. Nach dem ersten Zuhören werden die Bewegungen in der Geschichte besprochen und ausprobiert. Danach wird die Geschichte erneut erzählt und die Bewegungen dazu durchgeführt. Zum Abschluss setzen sich die Kinder auf die Bank und es kann kurz über das Erlebte gesprochen werden.

Es ist Frühling und die ersten warmen Sonnenstrahlen wecken uns *(sich recken und strecken)*. Sie laden uns zum Wandern ein. Frohgelaunt und ausgeschlafen laufen wir los *(durch den Raum laufen)*. Die warme Frühlingsluft tut so richtig gut. Wir recken und strecken uns der Sonne entgegen und machen uns ganz groß *(sich recken, strecken und sich groß machen)* und dann hüpfen und springen wir weiter *(hüpfen und springen)*. Unser Weg führt uns über eine Wiese. Da sie noch ein wenig feucht ist, stolzieren wir mit großen Schritten durch das Gras *(wie ein Storch durch das Gras gehen)*. O je, am Ende der Wiese ist ein Zaune. Doch mir einem Satz springen wir über ihn auf die andere Seite *(über ein Seil springen)*.

Frisch und munter hüpfen wir weiter *(durch den Raum hüpfen und springen)*. Plötzlich hören wir etwas. Wir bleiben stehen *(stehen bleiben)*, lauschen *(die Hand an ein Ohr halten)* und schauen zum Himmel *(die Hand vor die Stirn halten)*. Wir sehen eine große Vogelschar, die aus dem Süden wieder zu uns kommt. Sie gleiten am Himmel entlang und erfreuen uns mit einem Frühlingsgesang *(Arme ausbreiten, durch den Raum fliegen)*. Sie machen in einem großen Baum eine Pause *(alle Kinder fliegen auf eine grüne Decke)*. Unser Weg führt uns zu einem kleinen Bach. Das Wasser plätschert ganz laut *(mit den Händen auf die Oberschenkeln schlagen)*. Ein schmaler Baumstamm führt über den Bach. Vorsichtig balancieren wir über ihn zur anderen Seite *(über eine umgedrehte Bank balancieren)*. Wir sind nun auf einer Frühlingswiese. Dort wachsen unzählige kleine *(in die Hocke gehen)* Blumen. Sie alle haben ihre Blütenkelche weit geöffnet *(langsam die zusammengehaltenen Arme nach oben führen und die Hände*

dann weit öffnen) und schauen zur Sonne *(mit dem Kopf nach oben schauen)*. Wir bleiben eine Weile still stehen, schließen die Augen und atmen den Duft der Frühlingsblumen ein. Dann setzen wir die Wanderung fort. Wir laufen, hüpfen oder springen froh gelaunt umher. Dabei springen wir über Steine, Baumwurzeln oder Äste *(durch den Raum gehen, laufen oder hüpfen und dabei auf oder über die Kästen und Kisten hüpfen)*. Wir kommen an einem dicken Baumstamm vorbei und entdecken viele Käfer, die hintereinander über den Stamm krabbeln. Am Ende des Baumstammes fliegen sie auf ein großes Blatt. Dort ruhen sie sich aus. Wir bleiben stehen und schauen ihnen zu *(alle krabbeln hintereinander über die Bank, am Ende fliegt jeder mit ausgebreitete Armen in eine Raumecke und hockt sich auf die grüne Decke)*.

Wir gehen weiter und sehen Hasen, die vor uns über den Weg hoppeln *(alle hoppeln durch den Raum)*. Der Frühlingstag vergeht sehr schnell und langsam wird es dunkel. Wir müssen uns auf den Heimweg machen. Unterwegs kommen wir wieder bei den Käfern vorbei. Die krabbeln immer noch über den Baumstamm *(wieder über die Langbank krabbeln)*. Wir laufen weiter und kommen zu den Frühlingsblumen. Sie haben nun alle ihre Kelche geschlossen *(sich hocken oder auf Zehenspitzen stehen, die Arme über den Kopf zusammen halten und die Hände schließen)* und ruhen sich aus. Schneller werden unsere Schritte, denn es wird dunkel und wir wollen nach Hause. Dabei springen wir wieder über die dicken Steine, die Hölzer und die Wurzeln *(schnell durch den Raum gehen und auf oder über die Kisten und Kästen springen)*. Wir kommen zu dem Bach. Das Wasser plätschert immer noch so laut wie am frühen Morgen *(mit den Händen auf die Oberschenkel schlagen)*. Vorsichtig balancieren wir über den Baumstamm zur anderen Seite des Baches *(über die umgedrehte Bank balancieren)*. Wir laufen und erreichen die Wiese. Wir springen über den Zaun *(über das Seil springen)* und stolzieren wieder durch das feuchte Gras *(wie ein Storch gehen)* und dann laufen wir schnell nach Hause *(schnell laufen)*. Dort setzen wir uns auf die Gartenbank und denken noch einmal an die erste Frühlingswanderung zurück *(auf die Langbank setzen)*.

Turnspiele: Hüpfen, springen, rollen – Spaß!

Spielen und Ausprobieren ist angesagt, eine kurze Geschichte, ein Reim, ein Thema oder ein Gegenstand bieten dazu einen Anknüpfungspunkt. Wichtig bleibt jedoch die freie Wahl der unterschiedlichen Materialien.

Alles, was purzelt, pendelt und rollt

Alter: ab 4 Jahren **Anzahl:** Teilgruppe

Material: ein mit Wasser gefüllter Luftballon, Bettbezüge, Spielfässer, ein mit Sand gefüllter fester Stoffbeutel, ein langes Seil, mehrere Tennisbälle, ein Reifen, kleine Abfalltüten mit Griff, ein Trampolin, ein Korbballnetz, mehrere Betttücher, mehrere Matten

Die Kinder treffen sich in Turnkleidung im Turnraum und nehmen die aufgebauten Angebote wahr, die auch je nach Ausstattung verändert werden können. Bei den Rollspielen muss die Erzieherin im Blick behalten, dass die Kinder sich wohlfühlen.

Impulse

Purzelballon: Ein Luftballon wird mit etwas Wasser gefüllt (nicht zu prall) und verknotet. Der Ballon wird im Kreis von Kind zu Kind geworfen. Wer den Purzelballon fallen lässt, ruht sich so lange in der Kreismitte aus, bis ein anderer ihn fallen lässt.

Wettrollen: Jeweils ein Kind kriecht so in einen Bettbezug das der Kopf frei liegt. Jeweils zwei andere Kinder rollen es vorsichtig zum Ziel. Es können auch zwei Gruppen gegeneinander spielen.

Rollende Tonnen: Je ein Kind krabbelt in ein Spielfass. Es wird von einem anderen Kind behutsam zum Ziel gerollt. Wenn es als Wettspiel gestaltet wird, so rollen je zwei Kinder mehrere Spielfässer, in denen jeweils ein Kind liegt, zum Ziel.

Pendelsack: Ein fester Sack wird mit Sand gefüllt, zugebunden und dann an einem langen Seil an die Decke gehängt. Die Kinder bilden einen großen Kreis um den hängenden Sack. Nun wird der Sack durch Abstoßen immer in kreisender Bewegung gehalten. Es macht Spaß und erfordert schnelle Reaktion.

Wackelmann: Ein Kind steht in der Kreismitte, die anderen bilden einen engeren Kreis. Das Kind in der Mitte lässt sich vertrauensvoll nach hinten, zur Seite oder nach vorne fallen. Die Kinder im Kreis fangen es immer wieder auf und so wackelt es immer hin und her oder rundherum.

Kullerreifen: Mehrere Kinder stehen mit einem Tennisball am Spielfeldrand. Ein Kind rollt von einer Startlinie aus den Reifen über das Spielfeld. Die Kinder am Rand versuchen ihren Ball, während der Reifen rollt, durch den Reifen zu werfen.

Schleuderball: Ein Ball wird in eine kleine Plastiktüte mit Griff gelegt und fest zugebunden. Ein Kind fasst die Tüte am Griff, schleudert sie einige Male, um Schwung zu holen, und wirft sie, soweit es geht, in einen „kinderfreien" Bereich. Für dieses Spiel sollte genügend Platz vorhanden sein, damit die übrigen Kinder nicht verletzt werden.

Springball werfen: Ein Trampolin wird unter ein Korbballnetz gestellt. Ein Kind bekommt einen Tennisball. Durch Hüpfsprünge auf dem Trampolin versucht das Kind, an Höhe zu gewinnen und wirft den Ball auf höchster Höhe in das Korbballnetz. Dieses Spiel kann auch als Mannschaftsspiel durchgeführt werden. Dann werden zwei Mannschaften gebildet mit z. B. jeweils fünf Kindern. Diese bekommen je einen Ball. Die Kinder versuchen nacheinander ihre Bälle in das Netz zu werfen. Am Schluss kann gezählt werden, welche Mannschaft die meisten Bälle ins Netz geworfen hat.

Hängematte: Ein Kind liegt in einem Betttuch. Es wird angehoben und durch Schaukelbewegungen in Schwung gebracht.

Rollende Steine: Die Matten werden aneinander gelegt. Die Kinder legen sich lang auf die Matte und versuchen über die Matten zu rollen, ohne dabei von der Matte abzukommen.

Im Land der Kuscheltiere

Alter: ab 4 Jahren **Anzahl:** Teilgruppe

Material: eine Auswahl an vorhandenen Kletter-, Balancier- und anderen Klein- und Großgeräten, mit denen eine Bewegungslandschaft gebaut werden kann, eine grüne Decke, mehrere große Betttücher und kleine Tücher, ein Kuscheltieraffe, für jedes Kind ein gut darzustellendes Kuscheltier und rutschfeste Socken

Im Turnraum werden die Geräte zu einer Dschungellandschaft aufgebaut, in der geklettert, gesprungen, gekrabbelt und balanciert werden kann. Darin werden die Kuscheltiere versteckt und mit Tüchern zugedeckt. Diese Landschaft wird zunächst komplett mit Betttüchern abgedeckt. Die grüne Decke liegt in einer Raumecke. Der Kuschelaffe liegt griffbereit und ist mit einem Tuch abgedeckt.

Die Kinder sitzen auf der Decke und lösen einige von der Erzieherin vorgemachte Bewegungsrätsel (z. B. Hase, Elefant, Storch). Danach können sich die Kinder frei im Raum bewegen und beliebige Tierbewegungen machen. Ein Signal beendet diese Phase.
Nun lädt die Erzieherin die Kinder in das Land der Kuscheltiere ein. Dazu nimmt sie die großen Tücher von den Geräten, holt den Kuscheltieraffen, und alle setzen sich auf die grüne Decke. Sie erzählt den ersten Teil der Geschichte, anschließend begeben sich die Kinder auf die Suche solange, bis alle Kuscheltiere unter den kleinen Decken gefunden sind. Jedes Kind bringt ein Kuscheltier auf die grüne Decke. Jeder kann nun etwas über das Tier erzählen und seine Bewegung vorstellen. Danach singen alle gemeinsam das Lied „Wollt ich wissen…“ (Melodie: „Wollt ihr wissen“) jeweils passend zu ihren Kuscheltieren. Bei dem Affen kann man singen: „Wollt ihr wissen, wollt ihr wissen, was die kleinen Affen machen? Ja, sie klettern, ja, sie klettern und wir machen mit.“ Die Kinder erfinden weitere Strophen entsprechend der gefundenen Kuscheltiere (Hasen hüfen, Löwen laufen usw.).
Die Erzieherin erzählt den zweiten Teil der Geschichte. Die Kinder bringen daraufhin kletternd, kriechend usw. ihr Kuscheltier wieder zurück in ihre Höhlen und treffen sich zu einem kurzen Abschlussgespräch auf der Decke.

Erster Teil

Bimbo, der kleine Affe, lebt mit vielen anderen Tieren im Land der Kuscheltiere. Dort gefällt es ihm gut, denn dort ist er nie allein. Jeden Tag spielt er mit einem anderen Kuscheltier und deshalb hat er schon viele Freunde. Doch heute ist alles anders. Bimbo sitzt schon seit mehreren Stunden hier auf diesem Tuch und wartet auf seine Freunde. Doch sie kommen nicht. Haben sie verschlafen? Bimbo würde sie gerne in ihren Höhlen besuchen. Doch er kennt sich in dem großen Land nicht aus und würde die Verstecke seiner Freunde niemals finden. Darum wollen wir ihm helfen. Doch wir müssen klettern, balancieren, springen und kriechen, denn in diesem Dschungel gibt es tiefe Gräben und hohe Berge, die zu den Höhlen führen.

Zweiter Teil

Bimbos Freunde verabschieden sich nacheinander und der kleine Affe ist ganz froh, dass er Hilfe von so vielen neuen Freunden bekommt. Denn weil es langsam dunkel wird, finden seine Freunde nicht allein zurück in ihre Schlafhöhlen. Da ist es gut, wenn sie von den Kindern in ihre Wohnungen zurückgebracht werden.

Lichtgeister tanzen durch die Nacht

Alter: ab 6 Jahren **Anzahl:** Teilgruppe
Material: für jedes Kind eine Taschenlampe, unterschiedliche Musik (Klassik, Marsch- und Entspannungsmusik) und Abspielgerät

Die Spiele finden im Turnraum statt. Damit sich die Kinder an das Spiel im Dunkeln gewöhnen, benötigt man eine Vorbereitungszeit. Einzelne Spiele sollten schon einmal im Halbdunkeln durchgeführt werden. In einem Gespräch können die Kinder über ihre Gefühle und Erlebnisse in der Dunkelheit berichten. Danach werden sie mit der Dunkelheit vertraut gemacht. Dazu wird der Raum stufenweise verdunkelt. Während der einzelnen Stufen können sich die Kinder im Raum bewegen und sich so an die veränderten Bedingungen gewöhnen. Im Halbdunkeln wird die Geschichte erzählt. Für die folgenden Spielimpulse erhält jedes Kind eine Taschenlampe. Der Raum wird vollständig verdunkelt. Eine Zeit lang kann jedes Kind mit der Taschenlampe experimentieren. Zum Abschluss kann das Lied „Es tanzen viele kleine Geister" gesungen werden und die Kinder können ihre Taschenlampen entsprechend dem Text tanzen lassen.

In einem alten Schloss wohnen tief unten im Keller viele kleine Lichtgeister. Da es in dem Keller niemals hell wird und die Lichtgeister nur wenig sehen können, haben sie Taschenlampen. Diese tragen sie immer bei sich. So strolchen die kleinen Geister den ganzen Tag durch die dunklen Kellerräume und entdecken immer wieder Neues und Interessantes. Angst kennen sie nicht, denn sie haben ja die Taschenlampen. Es macht ihnen Spaß, andere Geister, die auch in dem Schloss wohnen, mit ihren Taschenlampen zu erschrecken. Sie schleichen in die Ecken und Winkel und leuchten blitzschnell die anderen Geister an. Diese laufen dann schnell weg. Sie fangen sich gegenseitig und haben dabei großen Spaß. Die Lichtgeister verstehen sich gut und erfinden immer wieder neue Lichtspiele. Einmal im Jahr werden alle anderen Geister des Schlosses von den Lichtgeistern zu einem Lichterfest eingeladen. Zusammen erfinden sie wunderschöne neue Lichtspiele und dabei haben sie viel Spaß. Bis zum frühen Morgen spielen sie. Danach sind alle Gespenster so müde, dass sie drei Tage und drei Nächte schlafen. Dann ist Ruhe in dem Schloss. Doch nach dieser kurzen Pause geht es wieder gespenstisch zu. So ist nun mal das Geisterleben. Es wird niemals langweilig.

Lied: Es tanzen viele kleine Geister

Melodie: „Es tanzt ein Bi-, Ba-, Butzemann"

Es tanzen viele kleine Geister
in dem Schloss herum, widebum,
es tanzen viele kleine Geister
in dem Schloss herum.
Ihr Licht, es leuchtet hier und dort,
sie laufen schnell von Ort zu Ort.
Es tanzen viele kleine Geister
in dem Schloss herum.

... Sie springen hin, sie springen her,
das Licht, das mögen sie so sehr.
Es tanzen ...

... Sie dreh'n sich schnell,
sie dreh'n sich schnell,
sie dreh'n sich immer auf der Stell.
Es tanzen ...

... Sie stehen still, sie stehen still,
weil jeder etwas ruhen will.
Es schalten viele kleine Geister,
jetzt ihr Lichtlein aus.

Impulse

Der Lichtgeistertanz: Musikstücke unterschiedlichster Art werden gespielt. Die Lichtgeister sollen dazu tanzen und sich mit den Taschenlampen nach der Musik bewegen. Wird die Musik abgestellt, werden die Taschenlampen ausgeschaltet. Beginnt die Musik erneut, werden sie wieder eingeschaltet.

Lichtsignale: Die Erzieherin produziert mit ihrer Taschenlampe ein Signal, z. B. an/aus/an. Die Kinder sollen versuchen, dieses Signal nachzumachen.

Personenraten: Die Kinder verteilen sich im Raum, sie schauen sich um und merken sich den Standort der anderen. Nun wird der Raum verdunkelt. Alle Taschenlampen sind aus. Die Erzieherin strahlt ein Kind an und schaltet dann die Taschenlampe wieder aus. Die Kinder rufen den Namen des Kindes. Das angestrahlte Kind macht nun seinerseits die Taschenlampe an und strahlt ein anderes Kind an usw.

Verfolgungsjagd: Die Erzieherin leuchtet mit ihrer Lampe in eine Ecke, auf den Boden, an die Decke usw., die Kinder verfolgen mit ihren Taschenlampen diesen Strahl.

Lichtdirigent: Die Erzieherin dirigiert die Kinder mit ihrer Taschenlampe im Halbdunkeln. Zeigt der Lichtstrahl z. B. nach rechts, laufen alle nach rechts, dreht er sich im Kreis, drehen sich alle im Kreis, zeigt das Licht abwechselnd zur Decke und zum Boden gehen alle Kinder in die Hocke und wieder hoch.

Lauter Flummis

Alter: ab 5 Jahren **Anzahl:** Teilgruppe
Material: eine grüne Decke, ein Fühlbeutel mit je einem Flummiball für jedes Kind, ein langes Seil, Turnbänke oder Hocker, eine Feder, eine Klangschale

Die Flummis werden in einen Fühlbeutel gelegt. Alle anderen Materialien liegen griffbereit im Turnraum. Die grüne Decke liegt ausgebreitet in einer Raumecke.
Nachdem die Kinder ihr Turnzeug angezogen haben, setzen sich alle auf die grüne Decke. Die Erzieherin hält den Fühlbeutel in der Hand. Sie gibt ihn herum und bittet die Kinder von außen zu fühlen und den Inhalt zu erraten. Bevor die Kinder ihre Lösung laut rufen können, sagt sie zur Sicherheit noch das folgende Rätsel.

Rätsel: Was ist das?
Er ist rund, hüpft wirklich schnell,
hundertmal auf einer Stell.
Er hüpft hoch, schnell rauf und runter,
so ein Ding, das hält dich munter.
Er ist nicht groß, doch ganz schön flink,
sag, wie heißt dies schnelle Ding?
(Flummiball)

Nach Auflösung des Rätsels kann jedes Kind in den Beutel fassen und einen Flummiball entnehmen. In einer Experimentierphase spielt jedes Kind mit seinem Flummi. Anschließend können die Kinder, die es möchten, ihre Ideen vorstellen und die restlichen Kinder spielen diese mit. Danach legen alle ihren Ball zurück in den Beutel. Die Kinder stellen nun mit ihrem Körper einen Flummiball dar. Für diese Aufwärm- und Raumerfahrungsphase singen sie das Flummilied und bewegen sich dazu.

Lied: Flummilied
Melodie: „Zeigt her eure Füße"

Wir gehn jetzt im Kreise
und schauen uns an,
was so ein Flummikind
denn heute alles kann.
Sie hüpfen, sie hüpfen,
sie hüpfen den ganzen Tag,
sie hüpfen, sie hüpfen,
weil jeder das gerne mag.
(Weitere Strophen können von den Kindern erfunden werden z. B. rollen, springen, ruhen)

Anschließend wird eine Geschichte erzählt. Dazu werden Hocker und Turnbänke seitlich aufgestellt. Das Seil wird in der Mitte in einem großen Kreis ausgelegt. Die Kinder werden nun zunächst zu einer kleinen Ruhepause eingeladen. Sie begeben sich auf die grüne Decke und die Erzieherin erzählt eine Flummigeschichte. Nach dieser Traumgeschichte werden die Kinder eingeladen, wieder Flummis zu sein. Die Geschichte wird erneut erzählt und die Kinder spielen die Bewegungen wie in der Geschichte angegeben nach. Abschließend setzen sich die Kinder auf die grüne Decke. Dort wird noch einmal über das Erlebte gesprochen.

Das Lieblingsspielzeug vom kleinen Ben sind Flummis. Er hat schon ganz viele verschiedene Flummis. Sie sind rot, blau, gelb oder grün, und jeder von ihnen kann wunderschön hüpfen.

Eines Nachts hat Ben einen seltsamen Traum. Seine vielen Flummis liegen dicht nebeneinander in einer großen Spielkiste *(die Kinder legen sich nacheinander eng zusammen in den großen Kreis.)*. Plötzlich, wie von Zauberhand berührt *(die Erzieherin berührt die Kinder mit einer Feder)*, fällt die Kiste um und alle Flummis rollen wild durcheinander *(die Kinder rollen in alle Richtungen durch den Raum)*. Von nun an bleiben die vielen bunten Flummis nicht mehr still liegen. Sie hüpfen wild durcheinander und hin und her. Einer hüpft noch höher als der andere *(die Kinder hüpfen so hoch, so weit und so schnell sie können)*. Einige rollen im Raum umher, andere springen auf Regale und Schränke *(die Kinder springen auf die Bänke oder Hocker oder rollen sich auf dem Boden)*. Doch plötzlich bleiben alle Flummis ganz still liegen *(Ruhephase)*.

Ben findet die regungslosen Flummis gar nicht schön. Er mag sie lieber anschauen, wenn sie hüpfen und springen. Deshalb geht er zu jedem Flummi und stößt ihn an *(die Erzieherin geht zu jedem Kind und berührt es mit der Feder)*.

Nun springen sie wieder munter auf Regale, Tische und Schränke, rollen wie wild im Raum umher und springen wie kleine Frösche immer auf und ab *(die Kinder bewegen sich dem Text entsprechend)*. Plötzlich hüpfen alle wie von einer Zauberhand geführt in eine Ecke *(die Kinder hüpfen in eine Raumecke)*. Dort bleiben sie wieder regungslos liegen *(die Kinder bleiben still in der Ecke sitzen)*. Da hört Ben einen schönen Klang *(Klangschale anschlagen)* und sieht, wie die Flummis zurück in ihre Kiste hüpfen *(alle Kinder hüpfen wieder in den Kreis)*. Nach einem fröhlichen Hüpfspiel legen sie sich nun wieder dicht nebeneinander und rühren sich nicht von der Stelle *(die Kinder liegen still, nach einer kurzen Pause werden sie vom Ton der Klangschale wieder in Kinder verwandelt)*.

Turnspiele mit dem Zauberseil

Alter: ab 6 Jahren **Anzahl:** Teilgruppe

Material: mehrere Augenbinden, Bälle oder Luftballone, Seile (Schnüre, Kordeln) in verschiedenen Längen und Farben, Glocke, Tamburin, eine Feder, eine große grüne Decke, eine große Pappe, für jedes Kind ein Chiffontuch, einen Stab (Ast eines Baumes, Klangstab oder Kochlöffel) und eine Wäscheklammer, ein Gymnastikstab

Auf die Pappe werden die Zaubersprüche geschrieben, die in der Geschichte genannt sind. Diese wird zusammengerollt und mit einem Band verschlossen. Die grüne Decke wird in einer Ecke des Turnraumes ausgebreitet und das Material liegt griffbereit.

Die Kinder nehmen in Turnbekleidung an diesem Spielangebot teil. Sie setzen sich auf die Decke. Die Erzieherin legt ein Seil, einen Luftballon, ein Chiffontuch und einen Stab in die Mitte. Dieses sind wichtige Gegenstände, die in der folgenden Geschichte über den Zauberschüler Justus eine Rolle spielen. Sie erzählt die Zaubergeschichte.

Anschließend holt sie einen Korb mit vielen Chiffontüchern, Wäscheklammern, Luftballonen, Seilen, Kordeln und Schnüren. Sie lädt die Kinder ein, selbst Zauberer zu sein. Das Chiffontuch wird mit der Wäscheklammer zu einem Zauberumhang, der Stock ist der Zauberstab. Jedes Kind kann nun frei, zunächst nur mit den Seilen und Schnüren, experimentieren. Danach stellt es den anderen seine „Seilzaubereien" vor, die alle nachmachen können. Wer will, erfindet einen Zauberspruch (der sich nicht reimen muss). Gemeinsam können verschiedene Spielimpulse ausprobiert werden. Am Ende treffen sich alle wieder auf der Decke und können über ihre Erfahrungen berichten.

Justus, der Zaubererschüler, hat Geburtstag. Er wird sechs Jahre und viele Gäste kommen zu seinem Fest. Jeder bringt ihm ein Geschenk mit. Von seinen Eltern bekommt er einen Zauberumhang aus glitzerndem Sternenstoff und von seinem Opa einen geschnitzten Zauberstock. Auch Oma hat etwas für Justus. Sie schenkt ihm ein uraltes Zauberbuch, mit dem sie schon das Zaubern gelernt hat. Justus freut sich sehr über die vielen Geschenke. Sogar seine Tante Tatjana kommt von weit her angereist. Sie hat ihm einen Zauberhut mitgebracht. Nun hat er alles, was ein richtiger Zauberer braucht. Schließlich bringt ihm auch sein Zaubermeister ein Geschenk. Er schenkt ihm ein langes Seil und eine Papprolle. Justus schaut es sich an und ist ein wenig enttäuscht. Wie kann der Zaubermeister ihm nur so ein seltsames Geschenk machen? Er legt beide Teile in die Ecke. Der Zaubermeister sieht das und sagt: „Lieber Justus, das Seil ist nicht nur ein Seil, es ist ein Zauberseil. Nimm immer, wenn du zaubern willst, das Seil und die Papprolle, geh in eine stille Ecke, sag einen der Zaubersprüche, die du in der Rolle findest, und dann wirst du sehen, was passiert. Aber eines darfst du nicht vergessen: Ein Zauberer ist nur ein Zauberer, wenn er seinen Umhang, seinen Hut und seinen Stab dabei hat."

Jetzt ist Justus doch ein wenig neugierig geworden, aber zuerst will er feiern. Deshalb legt er Seil und Papprolle zunächst zu seinen anderen Geschenken. Der Geburtstag ist wunderschön. Es wird gesungen, gespielt, gegessen und getrunken und die Zeit vergeht viel zu schnell. Als Justus abends im Bett liegt, denkt er mit einem Mal an den Zaubermeister, an sein Geschenk und an das, was er ihm gesagt hat. Am anderen Morgen nimmt er sein Seil, seinen Umhang, seinen Hut und seinen Stock, holt die Rolle mit den Zaubersprüchen hervor und sucht sich eine stille Ecke. Justus ist sehr nervös. Er setzt seinen Hut auf, hängt seinen Umhang um, legt das Seil auf den Boden, nimmt den Stab und faltet die Zauberrolle auseinander. Ganz leise sagt er einen Spruch: „Hokuspokus Hirsebrei, fertig ist das große Ei." Plötzlich rollt sich das Seil auf und wird zu einem großen Ei. Justus ist erstaunt. War es Zufall oder wirkliche Zauberei? Schnell will er es noch einmal mit einem anderen Spruch probieren. Leise sagt er: „Hokuspokus, dicke Stange, fertig ist die lange Schlange." Wieder dreht sich das Seil und wird zu einer langen Schlange. Justus freut sich, denn er hat wieder neue Zaubertricks gelernt.

In der Schule zeigt er seinen Freunden, den anderen Zauberschülern, was er alles kann. Auch der Zaubermeister schaut ihm zu und meint: „Du kannst nun so gut zaubern, dass du heute der Zaubermeister sein darfst und mit deinen Freunden diese Zaubertricks üben und neue erfinden kannst." Justus strahlt übers ganze Gesicht, das ist eine besondere Auszeichnung. Nun übt er den ganzen Tag gemeinsam mit den anderen Zauberkindern Tricks mit dem Zauberseil. Sie erfinden immer wieder neue Formen, die sie aus diesem Seil zaubern. Am Abend geht Justus nach Hause und freut sich, dass er nun schon so ein guter Zauberer ist.

Impulse

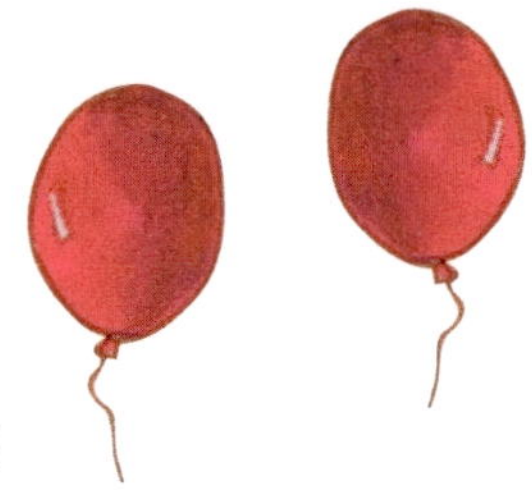

Zauberstraße: Mit allen Seilen wird eine Zauberstraße gelegt. Jeweils ein Kind geht mit verbundenen Augen durch Hinweise und Zurufe der anderen Kinder die Zauberstraße entlang, ohne vom Weg abzukommen.

Zauberkugel: Jeweils zwei Kinder stehen sich gegenüber und halten zwei Gymnastikstäbe jeweils an den Enden fest. Darauf wird von der Erzieherin eine Zauberkugel (Ball oder Luftballon) gelegt. Diese muss auf den beiden Stäben zu einem vorher festgelegten Ziel gebracht werden.

Zauberkreis: Mit jedem Seil wird ein Zauberkreis gelegt. Die Kinder laufen nach Tamburinschlag durch den Raum. Wird einmal fest geschlagen, so springen sie in einen Kreis und werden dort zu einer steinernen Figur (sie nehmen mit ihrem Körper eine lustige Haltung ein). Das Spiel kann mehrmals gespielt werden.

Zauberformen: Ein Kind bekommt die Augen verbunden. Die anderen Kinder legen mit ihrem Seil eine Form oder eine Figur. Das „blinde" Kind wird von der Erzieherin zu diesen Formen geführt. Es muss nun über die Formen gehen und sie erraten (Variation: mit den Händen erfühlen, mit Händen und Füßen erfühlen).

Verzaubert: Mit allen Seilen wird ein großes Quadrat, ein Haus, gelegt. Die Kinder laufen durch den Raum. Hören sie die Zauberglocke, müssen sie schnell ins Haus. Sie müssen sich beeilen, denn das letzte Kind wird zu einem Stein verzaubert. Dieses bleibt als Stein auf dem Boden liegen, während die anderen Kinder das Spiel erneut spielen. Es wird so lange gespielt, bis nur noch ein Kind übrig ist. Dieses Kind berührte jedes Kind mit einer Feder und erlöst es aus dem Zauber. Dieses Spiel kann zum Abschluss gespielt werden und alle kehren leise zurück auf die Decke.

4 BEWEGTE RHYTHMIKSTUNDEN

Schwungvolle Musik, gleichmäßige Rhythmen, kleine Geschichten und interessante Mitspielaufgaben vernetzen Bewegung mit Musik, Sprache und sozialer Kompetenz – ein hoher Bildungsanspruch. Für die Kinder ist es aber keine schwierige Herausforderung, sondern vor allem ein freudiges Erlebnis. Bewegung wird hier leicht gemacht, denn der Spaß an dem, was man gemeinsam tut und erlebt, steht im Vordergrund. Aber auch die Mitverantwortung für das Gelingen des gemeinsamen Erlebnisses wird jedem schnell klar. Die Kinder lernen, sich mit Ausdauer, Geduld und Rücksichtnahme an dem Geschehen zu beteiligen. Erst wenn sich jedes in die Spiel- und Lerngemeinschaft eingliedert, wird die Spielidee von allen mit Freude und Spaß erlebt. Alle Angebote lassen sich hervorragend im Turnraum spielen.

Bewegung nach und mit Natur

Gegenstände aus der Natur oder die Nachahmung von Natur bieten viele Anlässe zur rhythmischen Bewegung im Turnraum. Lieder, Musik und Tanzimpulse unterstützen die Angebote, die auch an Jahreszeiten angebunden werden können.

Äpfel kullern hin und her

Alter: ab 5 Jahren **Anzahl:** Teilgruppe

Material: für jedes Kind eine Matte/einen kleinen Apfel/einen Dekorationsapfel, zwei Obstkörbe, für je zwei Kinder ein Handtuch, Musik (beruhigende wie von Arnd Stein, Klassik, beschwingt) und Abspielgerät, mehrere Seile, ein Tamburin mit Schlägel, Triangel, ein grünes Tuch, ein großes Abdecktuch, grüne Decke

Die Matten liegen im Kreis, die echten Äpfel und die Dekorationsäpfel liegen in zwei verschiedenen Obstkörben. Die Schale mit den echten Äpfeln steht in der Kreismitte und ist mit einem grünen Tuch verdeckt. Die restlichen Materialien stehen griffbereit und sind mit einem großen Tuch abgedeckt.

Die Kinder ziehen ihr Turnzeug an und sitzen auf Matten im Kreis. Die Erzieherin stellt ein Fühlrätsel: Dazu fassen die Kinder unter das grüne Tuch und erfühlen den Inhalt. Haben alle gefühlt, so rufen alle gleichzeitig das, was sie erfühlt haben. Das Tuch wird weggenommen und die Äpfel werden sichtbar. Die Kinder nehmen sich je einen (noch nicht essen!) und ein Gespräch entsteht.

Die Erzieherin lädt danach die Kinder zu einem besonderen Bewegungsspiel ein. Es ist das „Apfeltragespiel". Dabei wird der Apfel sehr behutsam getragen und den anderen Kinder gezeigt, während das Lied „Meinen kleinen Apfel" gesungen wird. Am Schluss der Strophe bleibt jedes Kind vor einem anderen Kind stehen und die Äpfel werden getauscht. Dann gehen sie weiter und das Lied wird erneut gesungen.

Nachdem auch die verschiedenen Impulse zu den Apfelspielen ausprobiert worden sind, ruhen sich die Kinder bei ruhiger Musik noch einige Minuten aus und können sich eine Massage mit dem Dekorationsapfel geben.

Lied: Meinen kleinen Apfel

Melodie: „Alle meine Entchen“

Meinen kleinen Apfel
trag ich hin und her,
trag ich hin und her,
ich geh dabei ganz leise,
das ist gar nicht schwer.

Kullerstrophe:
Meinen kleinen Apfel,
den roll ich hin und her,
roll ich hin und her,
ich geh dabei ganz leise,
das ist gar nicht schwer.

Impulse

Liedvariationen: Das Lied „Meinen kleinen Apfel“ wird mehrmals hintereinander gesungen. Jedes Kind legt seinen Apfel auf die Handfläche und geht so durch den Raum. Bei der Strophenwiederholung wird die Hand gewechselt. Eine zweite Variation ist es, den Apfel mit erhobenem Arm den anderen Kindern zu zeigen, auch hier kann jeweils bei der Wiederholung der Strophe der Arm gewechselt werden.

Apfeltanz: Die Erzieherin spielt ruhige Musik. Jedes Kind nimmt einen Apfel aus dem Korb und gemeinsam wird ein Apfeltanz entwickelt. Dazu werden verschiedene Trage- und Gangarten gemeinsam erfunden und ein meditativer Geh-, Dreh- und Tragetanz entsteht.

Kuller-Apfellied: Die Äpfel werden gegen Dekorationsäpfel ausgetauscht, das Lied wird um die Kullerstrophe erweitert und dabei wird der Apfel durch den Raum gerollt. Alternativ sitzen zwei Kinder voreinander, mal wird der eine Dekorationsapfel, mal der andere von einem Kind zum anderen gerollt. Die Sitzentfernungen werden dabei immer verändert bzw. erweitert.

Apfelwege: Mit Seilen werden verschiedene Straßen gelegt (enge, breite, kurvenreiche usw.). Hintereinander rollen die Kinder den Dekorationsapfel die Straße entlang.

Hängematten-Äpfel: Je zwei Kinder bekommen ein Handtuch. Sie fassen es an den Ecken an und die Erzieherin legt einen Dekorationsapfel darauf. Nun kullern die Kinder diesen Apfel auf dem Handtuch hin und her, ohne dass er herunterfällt. Ruhige Musik kann dieses Spiel begleiten oder das Lied „Meinen kleinen Apfel“ wird dazu mehrmals gesungen. Ertönt die Triangel, so halten die Kinder das Tuch still und der Apfel ruht sich aus. Als Variation können auch zwei Äpfel auf das Tuch gelegt werden.

Äpfel erhaschen (Reaktionsspiel): Alle Äpfel liegen in einem Reifen. Die Kinder gehen, laufen, hüpfen nach dem Tamburinschlag durch den Raum. Hört die Erzieherin auf zu schlagen, laufen alle Kinder schnell zum Reifen und holen einen Apfel. Anschließend gehen die Kinder nach einem Tamburinschlag (kurze schnelle Schläge) mit dem Apfel durch den Raum. Hört die Erzieherin auf zu schlagen, dann legen alle Kinder den Apfel wieder in den Reifen. Die Schlag- und somit die Gangart kann auch verändert werden (langsame Schläge = große Schritte; Kantenschläge = Zehenspitzen usw.).

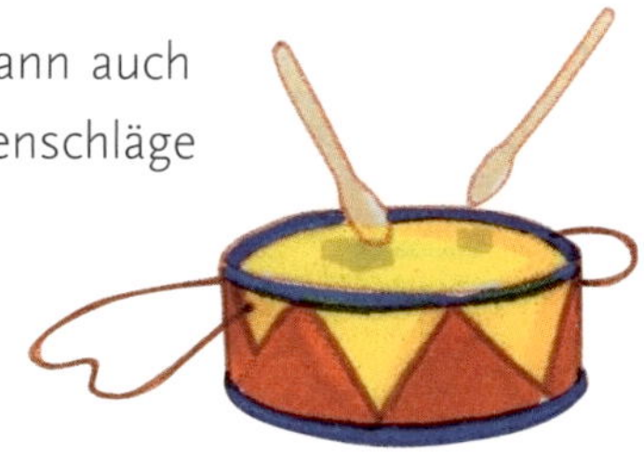

Falläpfel aufsammeln (Reaktionsspiel): Zwei Kinder bekommen je einen Korb und sammeln auf ein Signal (Triangel) hin die Dekorationsäpfel ein, die im Raum verteilt liegen. Ertönt wieder ein Signal, so hören sie auf. Wer hat die meisten Äpfel eingesammelt?

Der wandernde Apfel (Reaktionsspiel): Alle Kinder stehen dicht nebeneinander im Kreis und haben die Hände auf dem Rücken. Ein Kind befindet sich in der Mitte. Nun wird nach einem Triangelton ein Apfel hinter dem Rücken der Kinder weitergegeben. Ertönt das Signal erneut, so wird das Spiel gestoppt. Das in der Mitte stehende Kind muss erraten, wer den Apfel in der Hand hält.

Das Tauschspiel: Dieses Spiel kann zum Abschluss anstelle der Entspannungsmassage gespielt werden. In der Mitte steht ein Korb mit echten Äpfeln und ein leerer Korb, es läuft beschwingte Musik. Die Kinder tragen den Dekorationsapfel und tanzen damit durch den Raum. Ruft die Erzieherin einen, zwei oder auch drei Namen, laufen diese Kinder zu den Körben, legen den Dekorationsapfel in den leeren Korb und nehmen sich einen echten Apfel. Sie setzen sich damit auf ihre Matte. Das Spiel wird so lange gespielt, bis alle Kinder ihren Dekorationsapfel gegen einen echten Apfel getauscht haben. Gemeinsam wird dieser auf der grünen Decke gegessen.

Vogelflug mit bunten Tüchern und Reifen

Alter: ab 5 Jahren **Anzahl:** Teilgruppe

Material: rote und gelbe Farbkarten, für jedes Kind einen Reifen passend zu den Farbkarten, rote und gelbe Chiffontücher (sodass jedes Kind zwei gleichfarbige Tücher nehmen kann), Triangel, grüne Decke, Federn, Tamburin, Musik (Entspannung) und Abspielgerät

Die Decke, Federn, Stöcke und Tücher liegen jeweils in einer anderen Raumecke. Für jedes Kind wird ein farbiger Reifen in den Turnraum gelegt.

Die Kinder setzen sich in einen Reifen, der ihr Haus symbolisiert. Sie werden nun eingeladen, die Augen zu schließen, um sich in ihrem kleinen Haus auszuruhen. Nach kurzer Zeit ertönt ein Signal (Triangel). Dieses Signal weckt die Kinder und sie laufen durch den Raum. Die Erzieherin nimmt die Laufstile in einem Spiel auf. Sie holt ein Tamburin und die Kinder stellen ihre Laufschritte vor, die die Erzieherin mit dem Tamburin begleitet (schnell schlagen = laufen, Hüpfschlag = hüpfen usw.). Danach kann sie eigene Laufspiele vorschlagen. Die Farben können über die Impulse in das Spiel aufgenommen werden, indem alle in Vögel verwandelt werden und den Vogelflug mit den bunten Tüchern spielen. Zum Abschluss des Angebots setzen sich die Kinder in ihr Vogelhaus (Ring), schließen die Augen und auf ein Signal fliegen sie fort (sie setzen sich auf die grüne Decke). Dort verwandelt die Erzieherin die Kinder wieder zurück, indem sie sie mit der Feder berührt. Sie bietet nun noch eine Entspannungseinheit an, dazu legen sich die Kinder auf die Decke und lauschen einer Entspannungsmusik. Danach werden sie still verabschiedet.

Impulse

Bunter Vogelflug: Die Kinder sitzen in ihrem Haus (Reifen) und hören in die Stille hinein. Nun berührt die Erzieherin sie mit einer Zauberfeder. Damit wird jedes Kind in einen Vogel verwandelt. Auf ein Signal (Triangel) fliegen alle zu einer Stelle, holen sich je zwei gleichfarbige Tücher und bewegen sich damit durch den Raum. Ertönt das Signal (Triangel), gehen sie in die Hocke. Erklingt es erneut, fliegen sie durch den Raum usw. Das Spiel wird in der Reihenfolge mehrmals wiederholt. Ruft die Erzieherin „Haus“, so fliegen sie in ihren Reifen. Dieser symbolisiert nun das Vogelhaus. Die Kinder ruhen sich aus und in einem kurzen Gespräch kann thematisiert werden, dass Tiere auch ein Haus haben. Das Spiel kann mit den Farbkarten kombiniert werden. Die Erzieherin zeigt in unregelmäßiger Reihenfolge die Farbkarten. Die Kinder, deren Haus die Farbe hat, bewegen sich mit ihren Tüchern nach eigener Wahl laufend, hüpfend, gehend usw. durch den Raum.

Flugvariationen: Die Erzieherin lädt die Kinder ein, eine Vogelflugart vorzustellen. Alle Kinder machen diese nach. Die Triangel fordert sie auf, in ihr Haus zurückzukehren. Haben alle Kinder ihre Vogelflugart vorgestellt, ruft die Erzieherin in einer unregelmäßigen Abfolge die Namen der Kinder auf. Das genannte Kind stellt wieder seine Flugart vor und alle Kinder machen sie nach. Die Kinder können sich auch paarweise zusammenfinden: Dazu stellt sich ein Kind (Flugleiter) vor das andere, es lädt dieses zum Mitfliegen ein. Beide fliegen in der Flugart des Flugleiters. Die Triangel fordert sie auf, in ihr Haus zurückzukehren. Das kann beliebig oft wiederholt werden.

Wenn bunte Blätter tanzen

Alter: ab 5 Jahren **Anzahl:** Teilgruppe

Material: buntes Faltpapier, für jedes Kind eine Schere und ein Tamburin, viele Stöcke, Äste und Zweige, grüne Decke, ein kleiner Weidenkorb, Musik (Entspannung) und Abspielgerät

Die Decke wird im Turnraum in eine Ecke gelegt. Das restliche Material liegt griffbereit. Die Kinder betreten in Turnbekleidung den Raum und setzen sich auf die Decke. Die Erzieherin beginnt mit einem Rätsel: „Was ist das? Ist groß und stark, hat viele Zweige, viele Blätter, große kleine." (Lösung: Baum).

Die Erzieherin lädt die Kinder ein, zusammen einen Baum zu gestalten. Sie bittet sie, aus dem Faltpapier viele bunte Blätter auszuschneiden. Danach legen sie gemeinsam aus Zweigen und Ästen einen Baum und schmücken ihn dann mit den bunten Blättern, die sie ausgeschnitten haben.

Die Kinder stellen sich mit der Erzieherin um den Baum, fassen sich an und tanzen im Kreis auf das Lied: „Der Herbst, ja, der hat über Nacht". Dazu singen sie mehrmals die erste Strophe des Liedes. Anschließend können die anderen Strophen ausprobiert werden.

Lied: Der Herbst, ja, der hat über Nacht

Melodie: „Ein Vogel wollte Hochzeit machen"

Der Herbst, ja, der hat über Nacht,
den grünen Baum so bunt gemacht.
Fiderallala ... (die Kinder lassen sich los, klatschen und drehen sich).

Der Wind, er fegt durchs Blätterkleid,
das Sausen hört man weit und breit
(die Kinder pusten wie der Wind).
Fiderallala ... (die Kinder lassen sich los, klatschen und drehen sich).

Ich trag das Blatt, geh (lauf/hüpf/geh) durch den Raum
ich sing ganz leis, man hört mich kaum.
Fiderallala ... (die Kinder drehen sich mit dem Blatt in der Hand).

Ich leg das Blatt unter den Baum,
(das Blatt wird unter den Baum gelegt)
ruh mich dort aus, träum einen Traum.
Fiderallala ...
(die Kinder hocken sich, legen den Kopf auf ihre zusammengelegten Hände und schließen die Augen).

Impulse

Windspiele: Die Erzieherin nimmt ein Blatt, berührt damit nacheinander die Kinder, die sich dann auf die grüne Decke (symbolisch für die Wiese) setzen. Sie bittet die Kinder, sich ein Tamburin zu holen und alle versuchen, auf diesem Tamburin Windgeräusche zu machen. Zum Schluss der Experimentierphase stellt jedes Kind sein Windgeräusch vor und alle machen dieses nach. Dabei kann zuerst die Windstrophe und anschließend die Sturmstrophe des Liedes „Der Herbst, ja, der hat über Nacht" gesungen werden, beide können mehrmals wiederholt werden.

Der Wind, er singt ein schönes Lied,
hört alle zu, singt leise mit.
Fiderallala …

Der Sturm trägt alle Blätter fort,
verteilt sie an so manchem Ort.
Fiderallala … (die Kinder pflücken Papier-Blätter und verteilen sie im Raum).

Die Kinder sind nun der Wind. Sie knien sich und blasen so lange die Blätter durch den Raum, wie sie die Windgeräusche, die die Erzieherin auf dem Tamburin macht, hören. Nun sortieren die Kinder die Blätter nach Farben und tragen sie zu einem Blätterberg zusammen.

Danach bewegen sie sich nach dem Tamburintakt entweder laufend, gehend oder hüpfend durch den Raum. Ruft die Erzieherin eine Blätterfarbe, dann laufen alle Kinder zu dem Blätterberg, nehmen ein Blatt und bringen es zu dem Baum zurück. Sie legen es an einen Ast oder Zweig. Dieses Spiel wird mehrmals wiederholt, sodass der Baum wieder ein Blätterkleid bekommt. Trägt er genügend Blätter, dann beendet die Erzieherin dieses Spiel und bittet die Kinder, sich um den Baum zu stellen, sich anzufassen, um den Baum zu tanzen. Gemeinsam wird die erste Strophe des Liedes „Der Herbst, ja, der hat über Nacht" gesungen.

Zum Abschluss füllen die Kinder die restlichen Blätter aus den Blätterbergen in ein Weidenkörbchen und legen sich auf die Decke. Die Erzieherin stellt Entspannungsmusik an und deckt die Kinder mit den Blättern zu. Die Kinder ruhen sich unter der Blätterdecke aus. Erst wenn die Musik nicht mehr spielt, befreien sich die Kinder von den Blättern. Ein kurzes Gespräch beendet dieses gemeinsame Erlebnis.

Spiele mit Tannenzweigen, Kerzen und Kugeln

Alter: ab 5 Jahren **Anzahl:** Teilgruppe
Material: grüne Decke, eine Sitzmatte für jedes Kind, Musik (ruhige und beschwingte) und Abspielgerät, drei Symbolkarten mit einem Tannenzweig, einer Kerze und einer Kugel, drei kleine Weidenkörbe, viele Tannenzweige, viele Kerzen (Teelichter in einem Glas), viele Weihnachtskugeln, drei kleine einfarbige Abdecktücher, ein großes, einfarbiges Abdecktuch, für jedes Kind eine Sitzmatte, Streichhölzer

In einer Ecke des Turnraums liegt die grüne Decke, die Sitzmatten und die drei Symbolkarten liegen griffbereit. Die Weidenkörbe mit den Tannenzweigen, Kugeln und Kerzen stehen im Raum und sind jeweils mit einem Tuch abgedeckt. Die Kinder gehen zur grünen Decke und setzen sich darauf. Die Erzieherin lässt ruhige Musik laufen und bittet sie, die Augen zu schließen. Nun sollen sie sich in einer kurzen Phase Dinge überlegen, die etwas mit der Adventszeit zu tun haben. Wenn die Musik nicht mehr zu hören ist, öffnen sie die Augen. In einem Gespräch wird alles zusammengetragen, was ihnen zur Adventszeit eingefallen ist.
Nach einem ruhigen Musikstück tanzen die Kinder durch den Raum. Wenn die Musik ausgestellt ist, gehen alle zu einem der drei Körbe, greifen unter das Tuch, erfühlen einen Gegenstand und rufen gemeinsam die Lösung. Das Tuch wird entfernt und sie schauen nach, ob ihre Lösung richtig ist. Die Musik wird erneut angestellt und das Spiel läuft in gleicher Weise noch zweimal ab. Haben die Kinder alle drei Gegenstände erfühlt und erraten, so setzen sie sich wieder auf die Decke. Die Erzieherin bittet die Kinder, sich eine Sitzmatte zu holen und sie in den Raum zu legen. Diese Matte ist ihr Platz, an den sie immer wieder zurückkehren. Die Spiele und Impulse mit Tannenzweigen, Kerzen und Kugeln können nun ausprobiert werden.
Das Lied-Angebot „A, a, a, die Weihnachtszeit ist da" kombiniert Bewegung und Rhythmus. Die Erzieherin zeigt dazu die Symbolkarte mit dem Zweig (Kugel/Kerze). Dabei singt sie die erste (zweite oder dritte) Strophe des Liedes. Jedes Kind nimmt anschließend den Zweig (Kugel/Kerze) und geht damit durch den Raum. Nachdem die passende Strophe zusammen mehrmals gesungen worden ist, legen die Kinder den Zweig (Kugel/Kerze) zurück.
Zum Schluss des Angebots können sich die Kinder auf der Decke treffen und über ihre Erfahrungen sprechen.

Lied: A, a, a, die Weihnachtszeit ist da

Melodie: „A, a, a, der Winter, der ist da"

A, a, a, die Weihnachtszeit ist da.
Ich nehm den Zweig nun in die Hand
und trag ihn durch das Weihnachtsland.
A, a, a, die Weihnachtszeit ist da.

O, o, o, die Weihnachtszeit macht froh.
Ich nehm die Kugel in die Hand
und trag sie durch das Weihnachtsland.
O, o, o, die Weihnachtszeit macht froh.

U, u, u, die Weihnachtszeit bringt Ruh.
Ich nehm die Kerze in die Hand
und trag sie durch das Weihnachtsland.
U, u, u, die Weihnachtszeit bringt Ruh.

Ja, ja, ja, die Weihnachtszeit ist da,
wir gehn nun leise Hand in Hand,
durch das so stille Weihnachtsland.
Ja, ja, ja, die schöne Zeit ist da.

Impulse

Tanz nach Symbolen: Die Kinder tanzen nach leichter Musik durch den Raum. Zeigt die Erzieherin ein Symbolkärtchen (Kerze, Tannenzweig, Kugel), so holen die Kinder sich diesen gezeigten Gegenstand aus dem Korb und bringen ihn zu ihrem Platz (Matte). Danach tanzen sie wieder durch den Raum und achten auf das nächste Symbolkärtchen. Das Spiel kann beliebig oft wiederholt werden und die Kärtchen weisen immer wieder daraufhin, welcher Gegenstand geholt und auf den Platz gebracht wird. Anschließend können die Kinder von Platz zu Platz gehen und sich die unterschiedlichen Zweige, Kerzen und Kugeln anschauen. Dieser „Spaziergang" wird von leichter Musik untermalt. Haben die Kinder sich alles angeschaut, gehen sie zu ihrem Platz zurück.

Tannenzweigkranz (Gemeinschaftsaktion): Die Erzieherin legt das große, einfarbige Tuch aus und stellt den Weidenkorb mit den restlichen Zweigen, Kerzen und Kugeln daneben. Gemeinsam legen alle Kinder mit dem gesamten Material einen großen Tannenzweigkranz. Diesen Kranz schmücken sie mit den Kugeln und den Kerzen während im Hintergrund ruhige Musik läuft. Zum Abschluss kann die Erzieherin die Kerzen anzünden. Die Kinder betrachten den Kranz, umkreisen ihn wie bei einem Tanz und singen mehrmals die ersten drei Strophen des Liedes „A, a, a, die Weihnachtszeit ist da". Nach der vierten Strophe pusten die Kinder die Kerzen aus und kehren auf die Decke zurück.

Spiele mit Formen, Farben und Fantasie

Bei diesen Angeboten kombinieren die Kinder Rhythmus und Musik mit Sprache, Zahlen und Formen. Schlaginstrumente unterstützen die Impulse, die die Kinder ganzheitlich fordern.

Rund, eckig, wenig, viel

Alter: ab 6 Jahren **Anzahl:** Teilgruppe

Material: mehrere Bogen grünes und rotes Tonpapier, Schere, Tamburin, Schlägel, Folie, zwölf Seile, grüne Decke, großes Tuch, Musik (Entspannung) und Abspielgerät

Aus dem grünen Tonpapier werden zwölf große Formen wie Dreieck, Kreis, Rechteck und Quadrat sowie aus dem roten Tonpapier zwölf große Zahlen von 1 bis 6 geschnitten. Im Turnraum liegen die Zahlen und Formen verdeckt unter einem Tuch auf der grünen Decke. Das restliche Material liegt griffbereit.

Die Kinder führen diese Rhythmik barfuß durch. Sie nehmen auf der Decke Platz und die Erzieherin lädt sie zu einem Ratespiel ein, indem sie unter das Tuch fasst: „1, 2, 3, was hol ich nun herbei?" Sie zieht eine Form oder eine Zahl hervor und die Kinder benennen sie laut. Nach mehreren Wiederholungen legt sie das Tuch zur Seite und jedes Kind nimmt sich eine beliebige Zahl oder Form und benennt sie. Danach werden alle Zahlen und Formen im Raum auf dem Boden verteilt. Die Kinder laufen durch den Raum. Schlägt die Erzieherin fest auf das Tamburin, laufen sie zu einer Zahl oder Form und benennen diese nacheinander. Das Spiel wird mehrmals wiederholt. Dabei kann die Bewegungsart immer neu bestimmt werden. Das Angebot wird um das Lied und Spielimpulse erweitert.

Zum Abschluss legen die Kinder mit ihren Seilen einen großen Kreis um die grüne Decke. Hier ruhen sie sich bei Entspannungsmusik aus. Schließlich schlägt die Erzieherin leise das Tamburin an und sagt: „1, 2, 3, die Stunde ist vorbei."

Impulse

Ganz viele schlaue Kinder: Das Spiel kann begleitet werden durch das Lied „Ganz viele schlaue Kinder", das mehrmals wiederholt wird. Am Ende ruft die Erzieherin den Signalvers: „1, 2, 3, die Reise ist vorbei" und schlägt fest auf das Tamburin. Die Kinder laufen wieder zu einer Zahl oder einer Form und benennen sie. Dieses Spiel kann mehrmals wiederholt werden.

Lied: Ganz viele schlaue Kinder

Melodie: „Zehn kleine Negerlein“

Ganz viele schlaue Kinder
gehen durch den Raum,
sie gehen leis, sie gehen leis,
man hört sie dabei kaum.

Signalvers:
„1, 2, 3, die Reise ist vorbei.“
Schlussvers:
„1, 2, 3, die Stunde ist vorbei.“

Teamraten: Das Lied „Ganz viele schlaue Kinder“ wird gesungen. Die Erzieherin ruft: „1, 2, 3, die Reise ist vorbei“, schlägt auf das Tamburin und nennt eine Zahl oder eine Form. Die Kinder laufen dorthin und es stehen nun mehrere Kinder vor einer Zahl oder Form. Auch dieses Spiel wird mehrmals wiederholt.

Farbige Formen und Zahlen: Nach dem Lied und dem Signalvers nennt die Erzieherin die Farbe Rot oder Grün. Die Kinder laufen zu den passenden Tonpapier-Vorlagen und benennen sie. Dieses Spiel wird mehrmals wiederholt.

Seil-Spiel: Das Lied „Ganz viele schlaue Kinder“ wird gesungen und mit dem Schlussvers beendet. Die Kinder laufen zu einer beliebigen Form oder Zahl. Sie versuchen sie mit dem Seil nachzulegen. Anschließend gehen sie durch den Raum und schauen sich die gelegten Formen und Zahlen an. Die Tonpapier-Vorlagen werden schließlich weggelegt, sodass nur noch die mit den Seilen gelegten Formen und Zahlen auf dem Boden liegen. Wieder wird das Lied „Ganz viele schlaue Kinder“ gesungen. Ruft die Erzieherin nun den Signalvers, dann stellen sich die Kinder nach Belieben zu den gelegten Zahlen und Formen und benennen sie.

Spiele mit Kochlöffeln

Alter: ab 5 Jahren **Anzahl:** Teilgruppe

Material: für jedes Kind zwei Kochlöffel/ein Geschirrtuch/eine Mandarine, ein Weidenkorb, einen dicken roten und einen dicken blauen Filzstift, zwei weiße Blätter, Musik (Entspannung) und Abspielgerät

Die Holzlöffel werden paarweise farbig markiert, einige Paare bekommen einen dicken roten und einige Paare einen dicken blauen Punkt. Auf ein Blatt wird ein dicker, roter Punkt und auf ein anderes Blatt ein dicker blauer Punkt gemalt.

Die Kinder betreten den Turnraum in Turnkleidung, dort liegen die Materialien im Weidenkorb bereit. Während sie das Lied „Ich gehe jetzt im Kreise“ singen, gehen sie durch den Raum, um ihn in seiner ganzen Größe wahrzunehmen.

Lied: Ich geh jetzt im Kreise

Melodie: „Kommt ein Vogel geflogen“

Ich geh jetzt im Kreise
und ich schau hin und her,
ich kann dabei hüpfen,
das ist gar nicht schwer
(sie hüpfen durch den Raum).

Ich geh jetzt im Kreise
und ich schau hin und her,
ich kann mich auch drehen,
das ist gar nicht schwer
(sie drehen sich einmal um sich selbst).

Ich geh jetzt im Kreise
und ich schau hin und her,
ich kann auch schnell laufen,
das ist gar nicht schwer
(sie laufen durch den Raum).

Ich geh jetzt im Kreise
und ich schau hin und her,
ich such mir ein Plätzchen,
hier gefällt es mir sehr.
(sie setzen sich auf den Boden).

Die Erzieherin lädt die Kinder ein, sich ein Geschirrtuch zu holen, es dort auszubreiten, wo sie sitzen möchten und sich darauf zu setzen. Es symbolisiert ihr Haus. Die Erzieherin nimmt zwei Kochlöffel, schlägt einen Lauftakt und geht entsprechend durch den Raum. Schlägt sie langsam, geht sie langsam; schlägt sie schnell, läuft sie schnell. Diesen Wechsellauf macht sie mehrmals vor und die Kinder schauen zu. Dann bleibt sie stehen, macht eine einladende Handbewegung und sagt: „Kommt, macht mit, ich lad Euch ein, bei diesem Spiel dabei zu sein.“

Die Kinder stehen auf und gehen dem Takt entsprechend durch den Raum. Dann erhält ein Kind die Kochlöffel, schlägt einen Takt und alle bewegen sich entsprechend. Die Kinder experimentieren und führen ihre Vorschläge vor. Die Erzieherin kann weitere Beispiele und Varianten vorgeben (z. B. Löffel übereinander reiben = Schlurfschritt; die Löffelstile aufeinander schlagen = auf Zehenspitzen gehen). Das Spiel wird mehrmals wiederholt. Danach sagt die Erzieherin folgenden Vers: „Geht ins Haus, geht ins Haus und ruht euch dort ein wenig aus.“ Die Kinder kehren auf ihr Geschirrtuch (Haus) zurück. Die Spielimpulse können variiert und immer wieder mit dem Einstiegs- und Abschlussvers begleitet werden. Am Ende ruhen sich die Kinder bei Entspannungsmusik aus.

Variation

Farbige Löffelspiele: Die Erzieherin zeigt ein farbig markiertes Blatt und gibt einen Rhythmus vor. Die Kinder mit den passenden Kochlöffeln gehen im entsprechenden Laufrhythmus durch den Raum. Dabei können sie ihren Holzlöffel nehmen und mitspielen.

Rhythmusschlange: Die Erzieherin geht zu einem Kind, bleibt vor ihm stehen, schlägt mit den Kochlöffeln einen Takt vor, den das Kind mit seinen Händen nachschlagen muss. Dann steht es auf und geht hinter der Erzieherin her. Auf diese Weise werden alle Kinder nacheinander abgeholt. In einer Schlange gehen sie durch den Raum. Die Erzieherin schlägt dabei immer im Wechsel unterschiedliche Kochlöffelrhythmen, die die Kinder mitklatschen.

Taktideen: Die Kinder singen und spielen das Lied „Ich geh jetzt im Kreise", bei der letzten Strophe setzen sie sich wieder auf ihr Geschirrtuch. Die Erzieherin flüstert den Namen eines Kindes. Dieses spielt mit dem Kochlöffel einen Rhythmus vor, den die Kinder versuchen nachzuspielen.

Zum Abschluss des gesamten Angebots wird ein Spiel und eine Geschichte mit Mandarinen angeboten. Die Erzieherin flüstert die Namen einzelner Kinder. Die Genannten holen sich jeweils eine Mandarine. Die Kinder legen sie auf ihren Kochlöffel und tragen sie durch den Raum. Dabei schlägt die Erzieherin mit ihrem Kochlöffel den Lauftakt vor. Verstummt der Kochlöffelrhythmus, setzen sich alle wieder auf ihr Geschirrtuch. Am Ende essen die Kinder ihre Mandarine und dabei kann die Erzieherin die Mandarinengeschichte erzählen.

Es waren einmal viele Mandarinen. Sie hingen an einem großen Baum und fanden das, was sie sahen, sehr interessant. So beobachteten sie einen dicken Käfer, der in der Blüte einer Blume lag und sich dort ausruhte, sie bestaunten die bunten Schmetterlinge und lauschten gerne dem Gesang der vielen Vögel. Abends hatten sie sich immer viel zu erzählen. Doch eines Tages kam ein heftiger Wind. Der rüttelte und schüttelte den dicken Baum so heftig durcheinander, dass die Mandarinen tüchtig wackelten. Der Sturm ruckte und zuckte so lange an ihnen, bis sie vom Baum fielen und im nassen, weichen Gras landeten. Dort lagen sie nun nebeneinander und übereinander. Nach einiger Zeit kam eine Frau vorbei, die einen Korb in der Hand hielt. Sie sah die Mandarinen, lachte und … *(die Erzieherin lädt die Kinder ein, das Ende der Geschichte selbst zu erfinden).*

Rot oder Blau – Ich bin ganz schön schlau

Alter: ab 5 Jahren **Anzahl:** Teilgruppe

Material: ein Weidenkorb, je eine Farbkarte aus roter und blauer Pappe, ein Tamburin, grüne Decke, Musik (Entspannung) und Abspielgerät, für jedes Kind jeweils eine rote und blaue Sitzmatte, ein rotes und blaues Chiffontuch sowie einen roten und blauen Ball (aus dem Ballbecken)

Im Turnraum wird die grüne Decke in eine Ecke gelegt. Alle anderen Materialien liegen griffbereit. Die Kinder betreten in Turnbekleidung den Raum. Die Erzieherin eröffnet das Angebot mit dem Spiellied: „Wir gehen jetzt zusammen". Dabei wird im ersten Vers jeweils die Bewegung angegeben, die in der jeweiligen Strophe durchgeführt werden soll.

Lied: Wir gehen jetzt zusammen

Melodie: „Ein Männlein steht im Walde"

Wir gehen (laufen/hüpfen/usw.) jetzt zusammen
im Raum herum,
wir sind dabei ganz leise
und schau'n uns um.

Ach, wie schön dich hier zu sehn
(sich zuwinken),
mit dir durch den Raum zu gehn,
wir gehen jetzt zusammen,
ja, das ist schön.

Die Erzieherin legt die Sitzmatten in den Kreis. Die Kinder laufen nach Tamburinschlag durch den Raum. Nach einem kräftigen Schlag setzt sich jedes Kind auf eine Sitzmatte. Dieses Spiel kann mehrmals wiederholt werden, indem der Tamburintakt und somit die Laufbewegung verändert wird. Die Erzieherin macht mit, damit die Kinder sich an ihrer Bewegung orientieren können.

Die Erzieherin legt zunächst die roten und blauen Chiffontücher zu zwei sortierten Stapeln zusammen. Das Laufspiel wird nun wiederholt. Ruft die Erzieherin eine Farbe, dann laufen alle Kinder zu dem entsprechenden Stapel, nehmen sich ein Tuch und setzen sich mit ihm auf die Matte. Die Kinder spielen mit dem Chiffontuch. Sie gehen nach Tamburinschlag durch den Raum und legen das Tuch auf benannte Körperteile (Arm, Schulter, Hand, Kopf usw.). Zwei Kinder können sich die Tücher auch zeitgleich zuwerfen und versuchen, diese zu fangen. Abschließend werden die Tücher wieder auf einen Stapel gelegt. Das Spiel wird wiederholt und alle Kinder holen sich ein Tuch in der anderen Farbe.

Die folgenden Variationen und Impulse können nun probiert werden. Als Entspannung kann zum Abschluss eine Ballmassage mit Entspannungsmusik angeboten werden.

Impulse

Tuchschlange: Die Kinder bilden eine lange Tuchschlange, d. h. zwischen zwei Kindern ist ein Tuch, welches von beiden angefasst wird. Nun laufen oder gehen sie durch den Raum. Die Erzieherin geht mit den Kindern gemeinsam verschiedene Strecken. Dabei können sie das Lied „Wir gehen jetzt zusammen“ singen. Alternativ schlägt die Erzieherin auf dem Tamburin die Gangart vor. Das erste Kind ist der Kopf der Tuchschlange. Es bestimmt den Weg. Schlägt die Erzieherin einmal fest auf das Tamburin, so läuft das letzte Kind mit seinem Tuch an den Anfang der Reihe und übernimmt die Führung usw. Eine weitere Möglichkeit ist, dass die Kinder in einer Farbenschlange durch den Raum laufen. Ruft die Erzieherin „Rot“, lösen sich die Kinder mit den roten Tüchern aus der Schlange und setzen sich auf den Boden. Beim zweiten Durchlauf geschieht dasselbe mit den Kindern, die ein blaues Tuch halten.

Farberinnerungsspiel: Die Erzieherin hebt eine Farbkarte. Die Kinder, die in dem gleichfarbigen Haus wohnen (Matte), laufen durch den Raum. Nimmt sie die Farbkarte hinter ihren Rücken, dann setzen sich die Kinder wieder auf ihre Matte. Das Spiel kann so variiert werden, dass die Farbkarten schnell gewechselt werden (Reaktionsspiel).

Farbballspiel: Die Erzieherin stellt dazu den Weidenkorb mit den roten und blauen Bällen in die Mitte. Die Kinder laufen nach Tamburinschlag durch den Raum. Nennt die Erzieherin eine Farbe, so holen sich die Kinder einen entsprechenden Ball und spielen mit ihm. Schlägt sie fest auf das Tamburin, dann bringen sie ihn zurück

Rollball (Partnerspiel): Die Kinder nehmen sich einen Ball aus dem Weidenkorb. Sie bilden Farbpaare und setzen sich gegenüber. Ein Kind legt seinen Ball hinter seinen Rücken und nun rollen oder werfen sie sich gegenseitig einen Ball zu.

Balltragen: Die Kinder tragen zu zweit ihre Bälle in einem Chiffontuch durch den Raum. Dabei singen sie erneut das Spiellied „Wir gehen jetzt zusammen“. Das Spiel kann variiert werden, indem die Erzieherin eine Farbe nennt. Die Kinder, deren Chiffontuch diese Farbe hat, lösen sich und setzen sich auf die Matte.

Korbball: Zum Abschluss stellt die Erzieherin den Weidenkorb in die Mitte. Die Kinder gehen nach Tamburinschlag durch den Raum, tragen einen Ball und singen das Lied „Wir gehen jetzt zusammen“. Danach stellen sie sich in einer kurzen Entfernung um den Korb und auf ein Signal versuchen sie, ihren Ball in den Korb zu werfen. Das Spiel kann auch mit den Farben kombiniert werden. Dazu bewegen sich die Kinder im Raum, werfen und fangen den Ball. Ruft die Erzieherin eine Farbe, so bleiben sie stehen und die Kinder, deren Farbe genannt wurde, werfen ihren Ball von ihrem Platz aus in den Korb und setzen sich. Die anderen laufen so lange weiter, bis ihre Farbe genannt wird. Auf der grünen Decke ruhen sie sich bei ruhiger Musik ein wenig aus.

Kommt, wir spielen Geisterstunde!

Alter: ab 5 Jahren **Anzahl:** Teilgruppe

Material: für jedes Kind ein Sitzkissen und ein großes, weißes Tuch, Schere, Geräuschmaterial (Gläser und Flaschen, Löffel, Deckel, Blechdosen usw.), viele Teelichter in Gläsern (alternativ: Taschenlampen), Symbolkarten (für Bewegungen), (ruhige) Musik und Abspielgerät

Die Symbolkarten zeigen den Kindern die Bewegung an, z. B. dicke Punkte bedeuten schwer und stampfend gehen, dünne Punkte dagegen schnell und leicht laufen, Wellenlinien meinen schleichend gehen, Zacken heißen kreuz und quer laufen, ein leeres Blatt bedeutet stehen bleiben. Der Turnraum wird verdunkelt und die Lichter werden aufgestellt. Die Sitzkissen liegen in Kreisform und alle restlichen Materialien werden bereitgestellt.

Die Kinder betreten in Turnkleidung den verdunkelten und mit Kerzen (Taschenlampen) erleuchteten Raum. Jedes Kind setzt sich auf ein Kissen. Die Erzieherin lädt sie zu einem Gespräch ein zum Thema Geister. Sie trägt mit theatralischer Stimme den Vers Geisterstunde vor. Mit klirrenden Geräuschen begleitet sie den Refrain, der nach jeder Strophe gesprochen wird.

Zum Schluss des Angebots kann bei Kerzenschein über dieses gemeinsame Erlebnis gesprochen werden. Bei ruhiger Musik können die Kinder entspannen.

Sprechvers: Geisterstunde

Du hörst es klirren, knistern, klappern,
du hörst Kichern und laut Plappern.
Gespenster sausen durch den Wind,
sie sausen laut und ganz geschwind.
Geisterstunde, Geisterstunde,
ja, so schallt es aus dem Munde.
Geisterstunde, Geisterstunde,
wer macht mit in dieser Runde?

Knacken, poltern und laut zischen,
Gespenster können leicht entwischen,
denn sie darf ja niemand sehn,
wenn sie nachts spazieren gehn.
Geisterstunde, Geisterstunde,
ja, so schallt es aus dem Munde.
Jeder Geist schleicht in sein Haus,
ruht sich dort ganz lange aus.

Türen knallen, schlagen zu,
Geister finden keine Ruh,
huschen gerne durch die Ritzen,
schweben auch mal über Pfützen.
Geisterstunde, Geisterstunde,
ja, so schallt es aus dem Munde.
Jeder Geist schleicht in sein Haus,
ruht sich dort ganz lange aus.

Wird es hell, dann sind sie fort,
verstecken sich an einem Ort.
Wird es dunkel, fangen dann
die wilden Geister wieder an.
Geisterstunde, Geisterstunde,
ja, so schallt es aus dem Munde.
Jeder Geist schleicht in sein Haus,
ruht sich dort ganz lange aus.

Geister gibt's wie Sand am Meer,
sie zu fangen ist sehr schwer.
Darum gib im Dunkeln acht,
weil ein Geist viel Unsinn macht.
Geisterstunde, Geisterstunde,
ja, so schallt es aus dem Munde.
Jeder Geist schleicht in sein Haus,
ruht sich dort ganz lange aus.

Impulse

Geisterkonzert: Die Kinder werden in kleine Geister verwandelt, nehmen sich ein klirrendes „Geräuschinstrument" und laufen nun nach Symbolkarten und mit Geräuschen durch den Raum. Dabei können nur der Refrain oder auch einzelne Strophen gesprochen werden. Jede Phase kann mehrmals wiederholt werden.

Gruppengeister: Die Kinder werden in fünf Gruppen aufgeteilt und einer Lied-Strophe zugeteilt. Sie laufen nach Angabe der Symbolkarte durch den Raum. Dann sprechen die einzelnen Gruppen hintereinander ihre Strophe mit dem Wiederholtext und begleiten sie ggf. mit den „Geräuschinstrumenten". Der Ablauf kann nun beliebig gesteigert und neu kombiniert werden. Erst wenn die Schlussstrophe gesprochen wird, gehen die Kinder auf ihr Kissen zurück und es ist im Raum ganz still.

5 KLEINE UND GROSSE TURNAKTIONEN IN DER KITA

Oft gibt es jahrelang dieselben Festrituale in der Kita, die über die Zeit ihren Reiz verlieren. Eine turbulente Turnaktion verbunden mit einem anderen Namen und einem spannenden Inhalt geben solchen Ritualen ein neues Gesicht. Mitgestaltung, Mitplanung und Mitbestimmung lassen die Feste wieder interessant werden. Am schönsten ist es, wenn sie auch draußen in freier Natur stattfinden können. Bewegungskoordination, Ausdauer, Kraftdosierung, Körperspannung und viele Dinge mehr werden dabei ständig beansprucht und so dauerhaft trainiert und gestärkt. Für jede Jahreszeit und jedes Wetter gibt es Angebote, die Spaß machen und beflügeln. Solche Projekte brauchen manchmal Mut, aber vor allem die Lust auf Neues. Passende Impulse motivieren alle und stellen die Freude am Spiel und an der Körpererfahrung in den Vordergrund.

Die Spaßolympiade

Die Spaßolympiade eignet sich für die Entlassungsfeier oder das Sommerfest, bei denen gemeinsam mit Eltern gefeiert wird. Ohne großen Aufwand sind die Spielbereiche auf der Wiese oder einem Platz aufgebaut. Eltern und Kinder können nun nach freier Wahl die einzelnen Angebote wahrnehmen und dort gemeinsam spielen.
Die Angebote sind immer für Spielerpaare beschrieben, die sich pro Paar aus einem Erwachsenen und einem Kind zusammensetzen. Es können natürlich auch Spielerpaare aus zwei Kindern gebildet werden. Dann muss der Schwierigkeitsgrad verringert werden. Alle Spiele können beliebig oft wiederholt werden.
Die Olympiade kann auch so gestaltet werden, dass es keinen Wettbewerb zwischen zwei (oder auch mehr) Paaren gibt, sondern nur die jeweils an der Station geforderte Aufgabe erfüllt werden muss. Dementsprechend muss das Material in der Anzahl angepasst werden.
Für die Spaßolympiade ist es günstig, wenn die Materialien für die Spiele im Vorfeld zusammengestellt und die Eltern frühzeitig eingebunden werden. Für jedes Spielerpaar wird ein Kreis aus Pappe geschnitten, der mit einem Band eine Medaille symbolisiert. Zu Beginn der Spaßolympiade werden Paare gebildet, die jeweils eine Papiermedaille bekommen, auf die nach jedem Spiel ein Teilnahmestempel gedruckt wird. Zum Schluss können die Teilnehmer ihre Stempel zählen und stellen so fest, wie gut sie waren. Sieger aber sind alle, da alle teilgenommen haben und Freude an dieser Olympiade hatten.

Flossenlauf

Alter: ab 5 Jahren **Anzahl:** Teilgruppe (4 Personen)
Material: mehrere Seile, zwei leere große Eimer, zwei mit Wasser gefüllte große Eimer, zwei kleinere Eimer, zwei Paar Schwimmflossen für Erwachsene (oder Kinder), eine Trillerpfeife

Mit Seilen wird eine Start- und Ziellinie gelegt. Zwei Teams spielen gegeneinander. Jedes Team besteht aus einem Erwachsenen und einem Kind. Der Erwachsene eines Teams befindet sich am Start, neben ihm steht ein leerer großer Eimer. Der Spieler ist mit Schwimmflossen und einem leeren kleinen Eimer ausgerüstet. Am Ziel steht ein Kind und neben ihm ein großer Eimer gefüllt mit Wasser. Auf ein Signal (Trillerpfeife) läuft der Erwachsene zum Ziel.

Das Kind füllt den kleinen Eimer mit Wasser, der Erwachsene kehrt zurück zum Start, gießt den kleinen in den großen Eimer und läuft wieder zum Ziel. Das Spiel ist beendet, wenn das Wasser restlos von dem einen zum anderen großen Eimer umgefüllt ist.

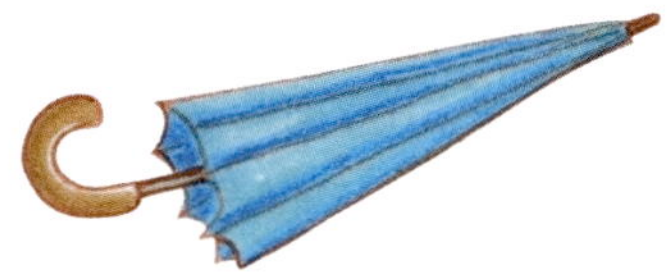

Hockeylauf

Alter: ab 4 Jahren **Anzahl:** Teilgruppe (4 Personen)
Material: mehrere Seile, zwei Spazierstöcke (ggf. Stockschirme mit einem gebogenen Griff), vier kleinere Eimer, zehn Tennisbälle, Trillerpfeife

Aus Seilen wird eine Laufstrecke gelegt. Am Start steht jeweils ein Erwachsener und hält einen Spazierstock. In einem Eimer neben ihm liegen fünf Tennisbälle. Auf ein Startzeichen (Trillerpfeife) legt der Erwachsene einen Tennisball auf den Boden, rollt ihn mit der gebogenen Seite des Stocks zum Ziel und läuft zurück. Das Kind nimmt den Tennisball, bringt ihn in den Eimer, der etwa zehn Schritte (variabel, je nach Alter vergrößern) von der Ziellinie entfernt steht und läuft wieder zur Ziellinie. Dort nimmt es immer wieder einen neuen Ball in Empfang. Das Spiel ist beendet, wenn alle Tennisbälle vom Start- in den Zieleimer gebracht wurden.

Frisbeescheibenzielwurf

Alter: ab 5 Jahren **Anzahl:** Teilgruppe (4 Personen)
Material: zwei dicke Stöcke, ggf. Hammer, pro Mitspieler eine Frisbeescheibe, Seile

Mit den Seilen werden zwei Startlinien gelegt. Eine ist für den Erwachsenen, eine für das Kind (sie ist näher am Tor). Mit den Stöcken wird ein breites Tor erstellt, ggf. mithilfe eine Hammers. Jeder Mitspieler bekommt eine Frisbeescheibe. Sie stellen sich an die für sie vorgesehene Startlinie und versuchen, die Scheibe in das Tor zu werfen. Jeder hat zwei Versuche. Für jede ins Tor geworfene Scheibe, bekommt das betreffende Team einen Stempel.

Ballontreiben

Alter: ab 3 Jahren **Anzahl:** Teilgruppe (4 Personen)
Material: zehn aufgeblasene Luftballone, Abfallbeutel, vier große Wäschekörbe, mehrere Seile, Trillerpfeife

Vorab sollten möglichst viele Luftballone aufgeblasen werden, die man gut in einem Abfallsack aufbewahren kann.

An der Startlinie stehen die Erwachsenen, neben ihnen jeweils ein mit fünf Ballonen gefüllter Wäschekorb. Am Ziel warten die Kinder pro Team mit einem leeren Wäschekorb. Auf ein Signal (Trillerpfeife) nimmt der Erwachsene einen Ballon, hält ihn zwischen den Beinen fest, läuft, ohne den Ballon zu verlieren, schnell zum Ziel, übergibt dem Kind den Ballon, läuft zurück und das Spiel wird wiederholt. Das Kind legt die Ballone in den Wäschekorb. Sind alle Ballone vom Start zum Ziel gebracht, dann ist das Spiel beendet und das Spielerpaar bekommt einen Stempel.

Froschhüpfen

Alter: ab 4 Jahren **Anzahl:** Teilgruppe (4 Personen)
Material: viele Zeitungen, Seile, Trillerpfeife

Mit den Seilen wird eine Start- und Ziellinie gelegt. Zwei Paare treten gegeneinander an. Mit der Zeitung wird ein Weg aus ca. zehn bis zwölf Zeitungsseiten gelegt. Die Zeitungen symbolisieren Steine, die in verschieden großen Abständen zueinander gelegt werden. Die zwei Erwachsenen stehen in einer (Frosch-)Hüpfposition am Start. Auf ein Signal hüpfen sie (wie ein Frosch) von Stein zu Stein zum Ziel. Dort angekommen hüpft das zu dem Paar gehörende Kind von derselben Startlinie aus zum Ziel. Sind beide Teammitglieder am Ziel, bekommt jedes Paar einen Stempel.

Laufen im Doppelpack

Alter: ab 3 Jahren **Anzahl:** Teilgruppe (4 Personen)
Material: zwei Hocker, Seile, Trillerpfeife, ggf. zwei lange Schals

Mit den Seilen wird eine Start- und Ziellinie gelegt, am Ziel stehen zwei Hocker. Zwei Mannschaften treten gegeneinander an. Der Erwachsene stellt das Kind mit dem Rücken vor sich auf seine Füße. Damit die Zusammengehörigkeit noch deutlicher wird, kann das Paar ggf. von einem Helfer mit einem langen Schal zusammengebunden werden. Diese Paare stehen am Start. Auf ein Signal (Trillerpfeife) laufen sie zum Ziel und setzen sich auf einen Hocker. Sitzen beide Paare, so ist das Spiel beendet.

Das Kindergartensportfest

Für ein Fest, bei dem keine Eltern oder Erziehungsberechtigte beteiligt sind, eignet sich dieses Angebot sehr gut. Hier sind ein Teil der Kinder aktive Spieler und die übrigen Zuschauer. Die Spiele werden jedoch so oft wiederholt, bis alle Kinder sie einmal mitgemacht haben.

Hasenhüpfen

Alter: ab 4 Jahren **Anzahl:** Teilgruppe (10 Kinder)
Material: zwei Hüpfbälle, Kreide, Trillerpfeife

Mit Kreide wird auf dem Asphalt eine Start- und Ziellinie gemalt. Es werden zwei Mannschaften mit je fünf Mitspielern gebildet. Der erste Spieler pro Mannschaft sitzt auf dem Hüpfball. Auf ein Signal hin hüpft er zum Ziel, wendet und hüpft zurück. Am Start wieder angekommen, hüpft das nächste Kind aus der Mannschaft. Welche Mannschaft schafft als erste einen vollständigen Durchlauf?

Schildkrötenlauf

Alter: ab 4 Jahren **Anzahl:** Teilgruppe (12 Kinder)
Material: vier Kissen, vier lange Schals, Mehl, Trillerpfeife

Dieses Spiel findet auf einer Wiese statt. Mit Mehl wird eine Start- und Ziellinie gestreut. Es werden zwei Mannschaften mit je sechs Mitspielern gebildet. Drei stehen an der Ziellinie und drei an der Startlinie. Zusätzlich liegt an der Start- und Ziellinie je ein Kissen. Der erste Spieler pro Mannschaft kniet auf Händen und Füßen und bekommt ein Kissen auf seinen Rücken gebunden. Auf ein Signal (Trillerpfeife) krabbelt er zum Ziel. Dort kniet schon der nächste. Er hat auch ein Kissen auf dem Rücken. Nun krabbelt er Richtung Start los. Dort angekommen krabbelt das nächste Kind aus der Mannschaft usw.

Zielwerfen

Alter: ab 3 Jahren **Anzahl:** Teilgruppe (8 Kinder)
Material: eine Wanne mit warmem Wasser, viele kleine Schwämme, eine rutschfeste Matte, Mehl

Ein älterer Mitspieler ist der Zappelmann. Er steht auf einer Matte, die so groß ist, dass er sich darauf bewegen kann. Ein bis zwei Meter von ihm entfernt wird eine Linie mit Mehl gezogen. Dort steht eine Wanne mit warmem Wasser und vielen Schwämmen. Die Kinder bilden eine Schlange. Sie stehen neben dem Eimer und versuchen nun zweimal den Zappelmann mit einem nassen Schwamm zu bewerfen. Dieser kann, um nicht beworfen zu werden, zappeln. Dann können die Kinder die Rollen tauschen und ein Zappelmann wird zum Werfer und umgekehrt.

Kochlöffelrennen

Alter: ab 5 Jahren **Anzahl:** Teilgruppe (12 Kinder)
Material: zwölf Kochlöffel, zwölf kleine Bälle, 4 Eimer, Mehl, Trillerpfeife

Eine Start- und Ziellinie wird mit Mehl gezogen. Es werden zwei Mannschaften mit je sechs Kindern gebildet. Drei pro Mannschaft stehen am Ziel, drei am Start. Am Start und Ziel wird ein Eimer aufgestellt. Jeder Mitspieler bekommt einen Kochlöffel und einen kleinen Ball. Auf ein Startzeichen legt der erste pro Mannschaft seinen Ball auf den Holzlöffel, läuft zum Ziel und wirft den Ball in den Eimer. Der zweite läuft los und macht das Gleiche usw. Erst wenn alle Mitspieler ihren Ball in den Eimer gebracht haben, dann ist das Spiel beendet.

Wandertag

Alter: ab 5 Jahren **Anzahl:** Teilgruppe (11 Kinder)
Material: zehn Hocker, Trillerpfeife

Zehn Hocker stehen zu einer Reihe zusammengestellt auf der Wiese. Elf Kinder spielen mit. Alle wandern um die Hocker und singen das Lied „Das Wandern ist des Müllers Lust“. Pfeift die Erzieherin, dann sucht sich jeder einen Platz. Ein Kind bekommt keinen Platz. Dieses schaut beim Spiel weiter zu. Ein Hocker wird weggestellt und das Spiel beginnt wieder. Es ist beendet, wenn nur noch ein Mitspieler auf dem Hocker sitzt. Die Laufart beim Singen kann immer wieder verändert werden, dann heißt es im Lied z. B. „das Laufen ist der Müllers Lust“ oder „das Hüpfen ist des Müllers Lust“.

Die Quatschmachparty

Zum Abschluss der Kindergartenzeit bietet sich für die Entlasskinder eine Quatschmachparty an, die vielleicht sogar mit den Eltern gefeiert werden kann. In lustiger Atmosphäre können auch die Lieder, Spiele und Geschichten aus den vergangenen Kindergartentagen in das Programm aufgenommen werden. Zur Faschingszeit macht dieses Angebot ebenso sehr viel Spaß. Die Spiele sind so beschrieben, dass die Erwachsenen zu Mitspielern werden. Es können aber auch nur Kinder teilnehmen, dann müssen die Angebote entsprechend verändert werden.
Für die Party wird eine Einladungskarte, Verkleidung und die Raumgestaltung passend vorbereitet.

Ballonsuche

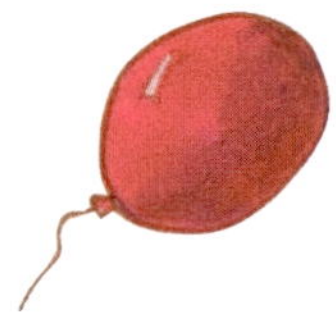

Alter: ab 5 Jahren **Anzahl:** Teilgruppe (12 Personen)
Material: zwölf Luftballone, zwei Taucherbrillen, Kreppklebeband

Das Sichtfeld der Taucherbrillen wird so verkleinert, dass nur noch ein sehr kleines Feld zum Sehen da ist. Mit Kreppklebeband werden zwei gegenüberliegende Linien, die das Spielfeld begrenzen, auf den Boden geklebt. Es werden zwei Spielgruppen mit jeweils drei Kindern und drei Erwachsenen gebildet (oder sechs Kinder). Pro Mannschaft stehen also sechs Mitspieler an einer Linie. Die zwölf Luftballone liegen in dem Spielfeld. Zwei Mitspieler aus unterschiedlichen Mannschaften bekommen eine Taucherbrille auf. Auf ein Kommando hin laufen sie zu einem Luftballon, holen ihn und bringen ihn zu ihren Mitspielern. Wenn alle Mitspieler einen Ballon in der Hand haben, dann ist das Spiel beendet. Anschließend können andere Mitspieler zum Sucher werden.

Angeln mit Hindernissen

Alter: ab 5 Jahren **Anzahl:** Teilgruppe (2 Personen)
Material: Kreppklebeband, zwölf Fische aus Styropor, zwei Taucherbrillen, zwei Paar Schwimmflossen, zwei große Eimer, eine blaue, aufgeschnittene Abfalltüte (See), zwei selbst gemachte Angeln (Stock, Band, Blumendraht)

Die Angel wird vorab aus einem Bambusstock hergestellt, an den ein Band und ein Haken aus Blumendraht befestigt wird. Die Fische werden aus Styropor geschnitten und bemalt und auf dem Rücken mit einer Schlaufe aus Blumendraht versehen.
Aus Kreppklebeband wird eine Start- und Ziellinie geklebt. Am Start steht pro Spielgruppe ein Eimer. An der Ziellinie liegt ein großer, aufgeschnittener Abfallsack (See), auf dem die zwölf Fische liegen. Zwei Kinder oder Erwachsene bekommen Schwimmflossen an ihre Füße, eine Taucherbrille auf und eine Angel in die Hand. Auf ein Kommando hin müssen sie nun zum See laufen, dort einen Fisch angeln, den Weg zurücklaufen, den Fisch in einen Eimer legen und wieder zum See usw. Wenn im See keine Fische mehr sind, dann können die Fänge pro Spieler gezählt werden.

Poposchieben

Alter: ab 5 Jahren **Anzahl:** Teilgruppe (6 Personen)
Material: drei große Kopfkissen

Es werden drei Spielpaare gebildet. Je zwei Mitspieler stellen sich Popo an Popo auf das Kissen. Mit den Armen können sie sich einhaken. Auf ein Kommando versuchen sie, sich nun mit dem Popo vom Kissen zu schubsen. Ist nur noch ein Paar auf dem Kissen, dann ist das Spiel zu Ende und neue Paare können gebildet werden.

Feuchte Schatzsuche

Alter: ab 5 Jahren **Anzahl:** Teilgruppe (2 Personen)
Material: viele nasse Tücher oder Schwämme, vier blaue Abfalltüten, Kreppklebeband, zwölf Kugeln aus Alufolie, zwei große Eimer, Handtücher

Zwei Flüsse aus blauen Abfalltüten werden gelegt. Diese werden mit dem Kreppklebeband auf dem Boden festgeklebt. Auf ihnen liegen die nassen Schwämme oder Tücher. In jedem Fluss liegen sechs silberne Kugeln (Alufolie). Am Flussanfang steht ein Eimer. Auf ein Kommando laufen die Schatzsucher mit nackten Füßen durch den Fluss und sammeln die silbernen Schätze ein. Pro Lauf wird immer nur eine Kugel genommen. Diese wird in den Eimer gebracht und danach wird der nächste silberne Schatz aus dem Fluss geholt. Wenn alle Schätze eingesammelt worden sind, dann ist das Spiel zu Ende und alle können sich mit den Handtüchern abtrocknen.

Bauchballkegeln

Alter: ab 5 Jahren **Anzahl:** Teilgruppe (2 Personen)
Material: zehn Kegel, zwei mit Sand gefüllte Luftballone, Packband

Die Luftballone werden mit Sand gefüllt, fest verknotet und jeweils einem Mitspieler an einem Band um den Bauch gebunden, aber der Ballon muss noch in der Luft schweben. Jeweils fünf Kegel werden in einer Reihe mit großen Platzlücken aufgestellt. Auf ein Kommando muss nun jeder Mitspieler zu einem Kegel laufen und versuchen, durch Bauchbewegungen diesen umzuwerfen. Sind seine fünf Kegel umgefallen, so ist das Spiel zu Ende.

Kopfverdreher

Alter: ab 5 Jahren **Anzahl:** Teilgruppe (8 Personen)
Material: zwei Langbänke, zwei Papptortenplatten, Gummiband, lustiges Zusatzmaterial für die Herstellung einer Gesichtsmaske (Wolle, Pfeifenputzer, Wattekugeln, Knöpfe, Kronkorken, Luftschlangen, Wachsmalstifte usw.), Schere, Kleber, zwei Hüte

Aus den genannten Materialien werden vorab zwei lustige Gesichtsmasken hergestellt. Für das Spiel werden zwei Langbänke aufgestellt und jeweils zwei Spielgruppen gebildet. Jeweils die Hälfte einer Gruppe steht am Anfang und die andere Hälfte am Ende der Langbank. Nun setzt sich aus jeder Gruppe ein Mitspieler die Maske auf, und zwar so, dass das Gesicht am Hinterkopf zu sehen ist. Sein eigenes Gesicht bleibt frei. Anschließend setzt er sich noch den Hut auf. Ein Kommando wird gegeben. Daraufhin geht jeder rückwärts über seine Bank. Da die Maske am Hinterkopf sitzt, sieht es aus als würden die Spieler vorwärts gehen. Am Ende der Bank angekommen zieht der nächste Mitspieler die Maske auf, setzt sich den Hut auf und geht rückwärts über die Bank. Das Spiel ist beendet, wenn alle einmal über die Bank gegangen sind.

Ein Spielfest für Klein und Groß

Bei diesem Fest sind alle gefragt. Die Anforderungen können entsprechend dem Alter der Kinder gesetzt werden. So können alle Spiele auch ohne Verlieren und Gewinnen gespielt werden, ebenso kann überhaupt auf eine Wertung verzichtet werden. Sollen die Spiele jedoch einen Wettbewerbs-Charakter bekommen, so wird für jedes Kind eine Liste angefertigt, auf der z. B. die Zeit oder die Punktzahl eingetragen werden kann. Zum Schluss wird ausgewertet und die Sieger werden geehrt. Alle Teilnehmer, egal, ob Gewinner oder Verlierer, bekommen einen Orden. Dazu werden Pappuntersetzer mit Goldpapier oder Alufolie und einem Bonbon beklebt. Mit einem Hefter wird daran eine Kordel befestigt und der Orden ist fertig.

Wäsche-Wettbewerb

Alter: ab 4 Jahren **Anzahl:** Teilgruppe (8 Kinder)
Material: zwei lange Wäscheleinen, Geschirrtücher, Wäscheklammern, zwei Wäschekörbe, zwei Eimer, Trillerpfeife, ggf. zwei Stühle

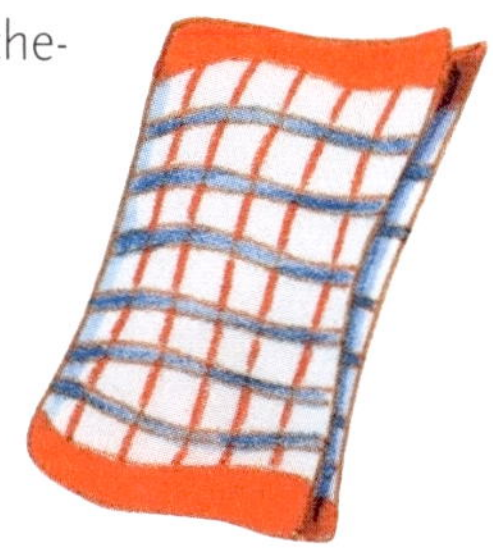

Vorab werden zwei Wäscheleinen stramm aufgehängt (z. B. an Stühlen). Jeweils am Start steht ein Korb mit Geschirrtüchern und ein Eimer mit Wäscheklammern. Es werden zwei Mannschaften gebildet. Auf ein Kommando läuft in jeder Gruppe der erste los und hängt die Trockentücher auf. Sobald er fertig ist, läuft der zweite los und nimmt sie ab. Sobald dieser fertig ist, läuft der dritte und hängt die Wäsche wieder auf usw. Die Mannschaft, die zuerst einen Durchlauf fertig hat, hat gewonnen. Die Siegermannschaft bekommt pro Spieler zwei, die andere pro Spieler einen Punkt.

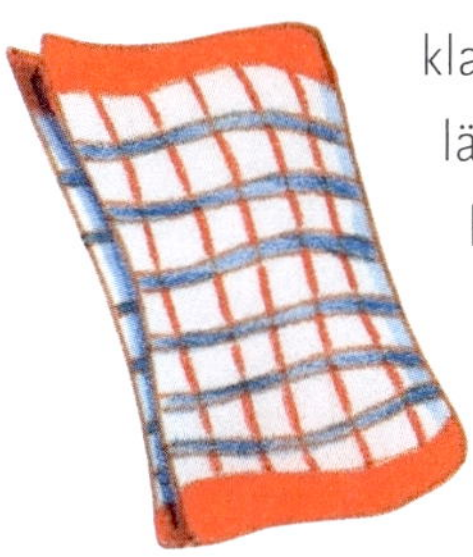

Kegelfußball

Alter: ab 3 Jahren **Anzahl:** Teilgruppe (2 Kinder)
Material: neun mit Sand gefüllte Plastikflaschen, ein Fußball

Die neun Flaschen werden aufgebaut. Nun muss jeder versuchen mit drei Schuss so viele Flaschen wie möglich umzuschießen. Jede umgeschossene Flasche gibt einen Punkt. Als Variation kann der Ball auch gerollt werden.

Tennisball-Lauf

Alter: ab 3 Jahren **Anzahl:** Teilgruppe (6 Kinder)
Material: zwei Suppenkellen, viele Tennisbälle, vier Eimer, Trillerpfeife

Es werden zwei Mannschaften gebildet. Jeweils am Start steht ein Eimer mit Tennisbällen gefüllt, am Ziel dagegen steht ein leerer Eimer. Das erste Kind hat eine Suppenkelle in der Hand. Auf ein Kommando (Trillerpfeife) schöpft es einen Tennisball aus dem Eimer, läuft zum Ziel, wirft den Ball in den leeren Eimer und läuft zurück. Dort übergibt es dem nächsten Kind den Löffel. Dieses schöpft einen Ball usw. Welche Mannschaft hat zuerst alle Bälle vom Start zum Ziel transportiert?
Als Punktzahl erhält aus der Siegermannschaft jeder Mitspieler die in dem Eimer liegende Anzahl der Tennisbälle. Die Mitspieler der zweiten Mannschaft erhalten jeder einen Trostpunkt.

Tunnelball

Alter: ab 5 Jahren **Anzahl:** Teilgruppe (8 Kinder)
Material: zwei Bälle

Es werden zwei Mannschaften gebildet. Die Team-Mitspieler stehen jeweils in einem geringen Abstand hintereinander und halten die Beine gegrätscht. Das erste Kind rollt den Ball durch die Beine nach hinten, die anderen geben dem Ball einen Stups, damit er schnell das Ende erreicht. Das nun am Ende der Reihe stehende Kind nimmt den Ball an und läuft nach vorne. Jetzt rollt dieses den Ball nach hinten. Das letzte Kind nimmt wieder den Ball an und läuft nach vorne usw. Ist das erste Kind wieder vorne, so ist die Mannschaft fertig. Die Mitspieler der ersten Mannschaft bekommen je zwei Punkte. Die zweite Mannschaft je einen Punkt.

Schrubberball

Alter: ab 5 Jahren **Anzahl:** Teilgruppe (8 Kinder)
Material: zwei Schrubber, sechs Stühle, zwei Wasserkästen, zwei Tennisbälle, Trillerpfeife

Es werden zwei Mannschaften gebildet und zwei Strecken aufgebaut mit je drei Stühlen und einem Wasserkasten, der das Ziel darstellt. Am Start steht das erste Kind mit einem Schrubber und einem Tennisball. Auf ein Kommando stößt jeweils das erste

Kind aus jeder Mannschaft den Ball durch die Stühle vorwärts, dann am Ziel um den Wasserkasten und wieder schnell neben den Stühlen vorbei zum Start zurück. Dort übergibt es den Schrubber und den Ball dem zweiten Kind und stellt sich wieder hinten an. Dieses führt das Spiel genauso durch. Die Mannschaft, bei der das erste Kind wieder am Start steht, hat ihre Aufgabe beendet. Die Mitspieler der Siegermannschaft bekommen zwei Punkte, die anderen einen Punkt.

Ball-Weitwurf

Alter: ab 3 Jahren **Anzahl:** Teilgruppe (2 Kinder)
Material: ein Stockschirm, viele Tennis-/Jonglierbälle, Kreide, ggf. Wasserluftballone

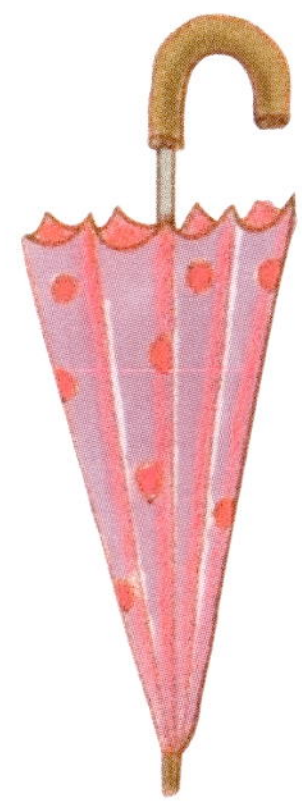

Ein Stockschirm wird umgekehrt in einen Baum gehängt. Von einer Startlinie (Kreide) aus versucht nun jedes Kind, drei Bälle in den Schirm zu werfen. Man kann das Spiel auch so variieren, dass es drei Startlinien gibt, die die Entfernung zum Schirm steigern. Pro Ball im Schirm gibt es einen Punkt, bzw. es kann auch die Punktzahl mit der Entfernung nach oben angepasst werden.
Alternativ kann ein Weitwurf mit bunten Luftballonen gespielt werden, die mit Wasser gefüllt sind. Hier geht es darum, den Ball von einer Startlinie aus, so weit wie möglich zu werfen. Der weiteste Wurf erhält die höchste Punktzahl (haben z. B. vier Kinder teilgenommen, so bekommt er vier Punkte), die anderen bekommen je einen Punkt weniger. Der Letzte bekommt einen Punkt.

Einbeinwettlauf

Alter: ab 5 Jahren **Anzahl:** Teilgruppe (8 Kinder)
Material: für jeweils zwei Kinder einen langen Schal, Trillerpfeife

Es werden zwei Mannschaften gebildet. Pro Team stellen sich zwei Kinder an den Start Seite an Seite nebeneinander. Jeweils die Innenbeine werden mit einem Schal zusammengebunden. Auf ein Kommando (Trillerpfeife) laufen sie zum Ziel. Dort heben sie schnell die Arme. Das ist das Startzeichen für das nächste Spielerpaar usw. Die Mannschaft, die zuerst die Mitspieler am Ziel versammelt, bekommt pro Spieler zwei Punkte, die andere Gruppe pro Spieler einen Punkt. Ein höherer Schwierigkeitsgrad wird über den Vierfüßlergang oder Rückwärtsgehen erreicht.

Trimm-dich-Spiele im Wald

Dieses besondere Angebot kann ein Trimm-dich-Fest für die ganze Familie werden, aber auch mit den Kindern allein durchgeführt werden. Der zu besuchende Wald sollte vorher auf seine Tauglichkeit überprüft werden: Welche Spielangebote passen gut hierher? Die Trimm-dich-Aufgaben müssen auf die Waldsituation abgestimmt und eventuell verändert werden.

Baumstammbalancierspiel

Alter: ab 4 Jahren **Anzahl:** Teilgruppe (6 Kinder)

Die Kinder werden in zwei Gruppen aufgeteilt. Sie stellen sich vor einen liegenden Baumstamm, den sich jede Gruppe jeweils ausgesucht hat. Auf ein Signal hin balancieren sie nacheinander über den Baumstamm. Sind sie alle auf der anderen Seite angekommen, ist das Spiel zu Ende. Die Laufart kann variiert werden, z. B. vorwärts/seitwärts balancieren, krabbeln, einen Zapfen in den Händen halten und transportieren.

Baumstammspringspiel

Alter: ab 5 Jahren **Anzahl:** Teilgruppe (6 Kinder)

Die Kinder suchen sich gemeinsam zwei Baumstämme aus, über die sie alle springen können. Sie teilen sich in zwei Gruppen auf und stellen sich jeweils hinter den Baumstamm. Auf ein Kommando springen sie nacheinander über den Stamm und laufen zurück. Steht wieder der erste Springer vor dem Baumstamm, so ist für die Gruppe das Spiel beendet.

Astleiterhüpfspiel

Alter: ab 4 Jahren **Anzahl:** Teilgruppe (6 Kinder)

Die Kinder bilden zwei Spielgruppen und tragen leichte Baumstämme oder Äste zusammen. Die Anzahl kann gemeinsam bestimmt werden. Diese legen sie wie zwei Leitern auf den Waldboden. Die Gruppen stellen sich jeweils hinter ihre Leiter. Auf ein Kommando hüpfen sie nun nacheinander in die Zwischenräume der Astleiter zum Ziel. Sind alle an der anderen Seite der Leiter angekommen, dann ist das Spiel beendet.

Blätterhaufenhüpfspiel

Alter: ab 3 Jahren **Anzahl:** Teilgruppe (6 Kinder)

Die Kinder sammeln Blätter. Diese legen sie wie große Steine mit unterschiedlich großen Zwischenräumen hintereinander auf den Waldboden. Nun bilden sie zwei Gruppen und stellen sich hintereinander vor die Blätterhaufenreihe. Auf ein Kommando springen sie nacheinander von Blattstein zu Blattstein und laufen wieder zurück zu ihrer Gruppe. Dort stellen sie sich hintereinander auf. Steht der erste Spieler wieder vor dem Stein, so ist das Spiel beendet.

Zapfenweitwurf

Alter: ab 3 Jahren **Anzahl:** Teilgruppe (2 Kinder)

Die Kinder sammeln viele Tannenzapfen und einige Äste, mit denen sie eine Startlinie auf dem Waldboden legen. Von der Startlinie aus werfen sie die Zapfen möglichst weit in den Wald hinein. Alternativ können sie auch gemeinsam auf ein bestimmtes Ziel werfen, z. B. auf den Stamm eines dicken Baumes oder in eine Bodenkuhle.

Paarschnelllaufspiel

Alter: ab 5 Jahren **Anzahl:** Teilgruppe (4 Kinder)

Die Kinder bilden Paare. Auf einer Rennstecke, z. B. einem Waldweg werden mit Ästen eine Start- und Ziellinie gelegt. Immer zwei Paare spielen zusammen. Diese stellen sich an die Ziellinie und auf ein Kommando laufen sie los. Dabei halten sie sich an den Händen fest. Am Ziel angekommen können sie sich von dem Lauf ausruhen und die nächsten Paare laufen los. Das Spiel kann variiert werden, indem die Kinder sich zu dritt oder zu viert anfassen und loslaufen. Zum Abschluss fassen sich alle an und laufen gemeinsam los.

Draußen turnen im Frühling: Mit Blumen und Eiern

Der Frühling lädt ein, Spiele wieder nach draußen zu verlegen und der wachsenden und blühenden Natur zuzuschauen. Eng verbunden mit dem Frühling ist auch das Osterfest, deshalb finden sich hier eine Reihe von ansprechenden Angeboten mit Eiern.
Für diese Spiele können Tage vorher Eier ausgeblasen werden. Ein besonderes Angebot können hart gekochte Eier sein, die zum Schluss gegessen oder den Kindern als Geschenk mit nach Hause gegeben werden. Alternativ sind auch Plastikeier möglich.

Eierlauf

Alter: ab 3 Jahren **Anzahl:** Teilgruppe (6 Kinder)
Material: viele ausgeblasene Eier, für jedes Kind einen Esslöffel, eine Schüssel, zwei Nester (Teller mit Stroh), Seil

Es werden zwei gleich große Mannschaften gebildet. Diese müssen um die Wette laufen, indem sie mit einem Esslöffel möglichst viele Eier vom Start zum Ziel bringen. Start und Ziel werden durch Seile gekennzeichnet. Am Start steht eine Schüssel gefüllt mit den Eiern. Am Ziel finden sich zwei Nester (Teller mit Stroh), die zu Beginn leer sind. Die meisten Eier liegen am Ende bei der Siegermannschaft im Nest.

Eier fangen

Alter: ab 3 Jahren **Anzahl:** Teilgruppe (8 Kinder)
Material: zwei Eimer gefüllt mit Plastikeiern, zwei Seile, zwei leere Eimer

Es werden zwei Mannschaften gebildet. Die Mannschaften teilen sich auf, sodass die eine Hälfte jeweils am Start und die andere Hälfte am Ziel steht, beides wird durch Seile gekennzeichnet. Die Spieler am Start werfen den Spielern am Ziel die Plastikeier zu. Diese müssen die aufgefangenen Eier in ein Nest legen (Eimer). Das Spiel geht solange, bis die Eimer am Start leer sind.

Eier verteilen

Alter: ab 4 Jahren **Anzahl:** Teilgruppe (8 Kinder)
Material: acht hart gekochte Eier, zwei Seile, zwei Eimer, pro Mannschaft vier Nester

Es werden zwei Mannschaften gebildet sowie Start und Ziel durch je ein Seil gekennzeichnet. Pro Mannschaft stehen am Ziel zwei leere Nester. Am Start steht pro Mannschaft ein Eimer mit vier Eiern. Auf ein Signal nimmt jeweils der erste Mitspieler in jede Hand ein Ei, watschelt wie eine Ente zu einem Nest, legt in jedes der beiden Nester ein Ei, watschelt zurück und startet erneut mit den nächsten zwei Eiern. Sind in jedem Nest zwei Eier, so hat der Mitspieler seine Aufgabe erledigt. Das Spiel wird wiederholt, indem nun vom Ziel aus die Eier auf dieselbe Weise vom nächsten Spieler watschelnd in den Eimer zurück gebracht werden.

Ein Turm aus Eierkartons

Alter: ab 4 Jahren **Anzahl:** Teilgruppe (6 Kinder)
Material: vierzig leere Eierkartons, zwei Seile

Es werden zwei Mannschaften gebildet. Diese stehen am Start. Dort liegen pro Mannschaft zwanzig leere Eierkartons. Auf ein Signal nimmt sich ein Spieler einen Eierkarton, läuft zum Ziel und beginnt einen Turm zu bauen. Sobald er am Ziel angekommen ist, startet der nächste und baut weiter usw. Die Gruppe, die als erste ihren Turm gebaut hat, hat ihre Aufgabe beendet.

Eierwabenfangspiel

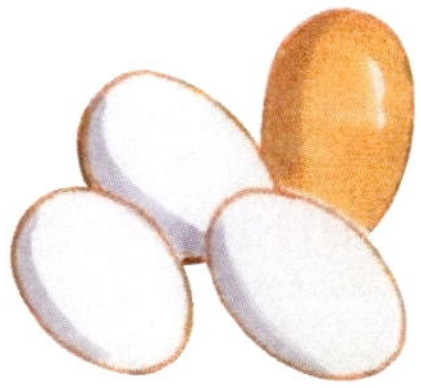

Alter: ab 5 Jahren **Anzahl:** Teilgruppe (10 Kinder)
Material: zehn leere Eierwaben, fünfundzwanzig Tischtennisbälle oder dicke Wattekugeln

Es werden Paare gebildet. Jedes Paar bekommt fünf Tischtennisbälle oder Wattekugeln. Die Spielpartner stehen in geringem Abstand voreinander. Eine Person wirft die Kugeln auf die Wabe des Spielpartners, der versuchen muss, sie aufzufangen. Danach wirft dieser die Kugeln auf die Wabe des anderen Partners. Als Regel gilt jedoch: Die Kugeln, die auf die Erde fallen, bleiben liegen. Wenn ein Spieler keine Kugeln mehr hat, die er werfen kann, dann ist das Spiel beendet.

Blumen pflücken

Alter: ab 3 Jahren **Anzahl:** Teilgruppe (4 Kinder)
Material: viele bunte, runde und große Faltpapierblätter, ein Seil

Das Seil zeigt das Ziel an. Eine beliebige Anzahl bunter Faltpapierkreise, die Blumen symbolisieren, werden draußen auf der Wiese verteilt. Auf ein Kommando laufen die Kinder los und pflücken so lange Blumen, bis keine mehr auf der Wiese sind und bringen sie zum Ziel. Dort können die Blumen gezählt werden.

Blumenzwiebeln pflanzen

Alter: ab 3 Jahren **Anzahl:** Teilgruppe (2 Kinder)
Material: zwei Seile, zwölf Eimer, zehn Tennisbälle

Mit einem Seil wird eine Start- und eine Ziellinie gelegt. Für jeden Mitspieler steht ein Eimer mit fünf Bällen am Start bereit. Die fünf Bälle symbolisieren die Blumenzwiebeln. Fünf weitere Eimer, sie symbolisieren die Blumentöpfe, stehen nebeneinander an der Ziellinie. Auf ein Startzeichen nimmt jedes Kind eine Blumenzwiebel, läuft zum ersten Blumentopf, legt die Blumenzwiebel hinein, läuft zurück und holt erneut eine Blumenzwiebel. Sind alle fünf Blumenzwiebeln gepflanzt, dann ist das Spiel beendet. Das Spiel kann mehrmals wiederholt werden.

Blumen verschenken

Alter: ab 3 Jahren **Anzahl:** Teilgruppe (12 Kinder)
Material: viele bunte runde Faltblätter (Blumen), zwei Seile

Mit zwei Seilen wird eine Start- und Ziellinie gelegt. Es werden zwei Gruppen mit je sechs Kindern gebildet. Pro Gruppe gibt es einen „Blumenverschenker". Fünf Kinder pro Gruppe stellen sich an die Startlinie. Am Ziel liegen pro Gruppe fünf runde Faltblätter, die die Blumen symbolisieren. Auf ein Kommando laufen die Blumenverschenker-Kinder vom Ziel aus los und bringen ihren mitspielenden Kindern je eine Blume. Sind alle Mitspieler beschenkt, dann ist das Spiel beendet.
Statt der Faltblätter als Dekorationsblumen können auch gebastelte Blumen genommen werden, die das Verschenken natürlich etwas schöner machen.

Draußen turnen im Sommer: Zirkus Floh

Warme sonnige Tage locken die Kinder im Sommer nach draußen. Das Zirkus-Angebot ist genau für solche Tage gedacht. Die Geräte werden auf dem Spielplatz oder im Garten aufgebaut und die Kinder können mit ihrem Sitzhocker für den Publikumsbereich sorgen.
Damit das Spielen draußen im Garten interessant bleibt, kann es sich lohnen, eine Tausch- und Leihbörse mit anderen Kindergärten, Schulen oder Sportvereinen einzurichten. So haben alle die Möglichkeit, neues wechselndes Material kostengünstig anzubieten, jede Einrichtung profitiert davon.

Kunststücke und Akrobatik im Zirkus Floh

Alter: ab 5 Jahren **Anzahl:** Teilgruppe (12 Kinder)
Materialien: Laufdosen, Hüpfbälle, Balancierscheiben und Rollbretter, Pedalos, Wackelbrett, Hüpfbrett, Gymnastikbälle, Reifen, Seile, Stühle, ggf. Schminke oder einige Verkleidungsstücke usw.

Die Erzieherin beginnt mit den Kindern ein Gespräch mit der Frage: „Habt ihr schon einmal einen Zirkus besucht?“. Hier können bereits Ideen für mögliche Kunststücke gesammelt werden. Anschließend leitet die Erzieherin zur Einstiegsgeschichte über. Nach dieser Geschichte werden die Materialien zum Experimentieren und Üben bereitgestellt. Gemeinsam können verschiedene Zirkusnummern und ihre Umsetzung durch die Kinder überlegt werden. Die Impulse geben kreative Bewegungsideen. Die Kunststücke können zuerst mehrere Tage lang geübt werden. Sind die Kinder sicher, so zeigen sie sie einer anderen Gruppe oder auf einem Fest den Eltern.

In einer kleinen Stadt herrscht helle Aufregung. Wie jedes Jahr im Sommer hat sich der Zirkus Floh angesagt und darauf freuen sich schon Jung und Alt. Es ist nämlich ein ganz besonderer Zirkus: Die Bewohner der Stadt sind nicht nur Zuschauer, sie werden auch zum Mitmachen eingeladen. Zirkus Floh hat kein Zelt. Die Vorstellungen finden auf der Wiese statt und das Zeltdach ist der Himmel. Deshalb spielt der Zirkus Floh auch nur bei Sonnenschein. Bisher hatte er immer Glück. Die Sonne war in all den Jahren stets zur Stelle. Auch in diesem Sommer scheint sie wieder und es sieht ganz so aus, als habe der Zirkus Floh die Sonne gemietet.

Wenn auf der großen Wiese im Stadtpark die Stühle aufgestellt sind, geht Bingo, der Clown, durch die Straßen, zeigt dort seine Kunststücke und ruft die Menschen so zum Mitmachen auf. Sein Ziel in der Stadt ist immer der Marktplatz. Dort treffen sich viele Menschen und genau dort macht Bingo seine Späße. Seine Affen, Donner und Blitz, hat er auch mitgenommen. Sie belustigen die Menschen. Blitz springt dann bei einigen Leuten von Schulter zu Schulter, wuschelt ihnen in den Haaren oder stibitzt blitzschnell aus den Einkaufskörben Bananen. Deshalb hat er den Namen Blitz. Der andere Affe macht dasselbe. Doch bevor er mit seinen Späßen beginnt, stellt er sich hin, reckt sich in die Höhe, donnert mit seinen Fäusten auf seine Brust und gibt dabei merkwürdige Geräusche von sich. Deshalb trägt er den Namen Donner.

Eines aber machen sie immer gemeinsam und das wissen die Menschen schon. Donner und Blitz schlagen zusammen unzählige Purzelbäume. Die Zuschauer stehen dabei und zählen laut mit. Das ist immer ein Riesenspaß. Im letzten Jahr haben die beiden zusammen 88 Purzelbäume hintereinander geschlagen und in diesem Jahr, so hat Bingo angekündigt, sollen es noch viel mehr sein. Und richtig: In diesem Jahr schaffen sie tatsächlich 100 Purzelbäume. Die Menschen sind begeistert, klatschen und werfen zum Dank Geld in einen Hut. Davon kauft der Zirkusdirektor das Futter für die Tiere. Nach dieser Vorstellung geht Bingo umher und schreibt die Namen der Leute auf, die in diesem Jahr im Zirkus mitmachen wollen.

Pünktlich um 12 Uhr treffen sich die Mitspieler im Stadtpark. Der Zirkusdirektor begrüßt sie. Bingo und die Affen Blitz und Donner sind natürlich auch dabei. Gemeinsam wird nun das Balancieren, Seiltanzen, das Ballhüpfen, Dosenlaufen und natürlich das Purzelbaumschlagen geübt. Viele anstrengende Stunden vergehen und dann steht das Programm. Bingo geht mit Blitz und Donner durch die Stadt und verteilt Eintrittskarten.

Am späten Nachmittag ist es dann so weit. Unzählige Besucher strömen in den Zirkus Floh. Bingo und der Direktor müssen sogar noch Stühle aufstellen, so viele Zuschauer sind heute gekommen. Und dann geht es los. Die Spannung ist riesengroß. Die Mitspieler sind sehr aufgeregt. Doch wie immer klappt alles ohne Fehler. Auch Blitz und Donner schauen zu. Sie klatschen nach jeder Vorführung und belustigen die Besucher mit ihren Purzelbäumen. Sehr schnell vergeht die Vorstellung und als sich der Direktor, Bingo, Blitz und Donner verabschieden, versprechen sie, im nächsten Sommer wiederzukommen. Alle klatschen zu diesem Versprechen begeistert Beifall.

Impulse

Hüpfen und Springen: von einem Reifen in den anderen, auf einem Bein hin und her über ein Seil, Seilhüpfen, mit dem Hüpfball usw.
Balancieren: über ein Seil, über/auf Dosen, über eine liegende Leiter, mit Seilen Formen legen (Kreis, Dreieck, Wellenlinie, Zickzack) und darüber balancieren
Gehen und Laufen: schnell gehen/laufen, auf allen Vieren, rückwärts, seitwärts, paarweise, auf den Zehenspitzen, auf der Hacke gehen/laufen.
Robben und Kriechen: durch einen Stofftunnel, über Stühle, zwischen Stuhlbeinen hindurch, unter einem gehaltenen Seil hindurch usw.

Draußen turnen im Herbst: Kastanien-Olympiade

Der Herbst bietet mit seinen vielen Früchten unzählige Möglichkeiten, kreativ in Bewegung zu kommen. Für die Kastanien-Olympiade können viele Kastanien auf einem schönen Herbstspaziergang gesammelt werden. Die Angebote können gut auf dem Rasen und einer glatten (asphaltierten) Fläche stattfinden. Einen Tag vorher bastelt die Erzieherin für jedes Kind einen Kastanienorden, indem sie in eine Kastanie ein Loch bohrt und diese dann auf ein Band fädelt. Die Spiel-Ergebnisse von jedem Kind und jedem Spiel können auf einem Block notiert werden. Die Erzieherin zählt am Ende der Olympiade die Punkte der Kinder zusammen. Bei der anschließenden Siegerehrung wird die Anzahl bekannt gegeben und jedes Kind erhält eine Kastanienmedaille. Wird die Olympiade mit jüngeren Kindern gemacht, so entfällt das Zählen.

Kastanienzielwurf

Alter: ab 4 Jahren **Anzahl:** Teilgruppe (12 Kinder)
Material: ein Eimer mit Kastanien, ein kleiner Ball, ein Reifen, ein Seil

Jedes Kind bekommt eine Kastanie. Der Ball wird in den Reifen gelegt. In einer bestimmten Entfernung zum Reifen liegt das Seil. Die Kinder stehen an diesem Seil und müssen versuchen, die Kastanie in den Reifen zu werfen. Wer es schafft, bekommt z. B. zwei Punkte, wer den Ball trifft bekommt drei Punkte, wer nichts trifft, bekommt einen Punkt.

Kastanienweitwurf

Alter: ab 3 Jahren **Anzahl:** Teilgruppe (12 Kinder)
Material: mehrere Bambus- oder Gymnastikstäbe, ein Eimer mit Kastanien, ein Seil

Die Gymnastikstäbe werden im gleichen Abstand, z. B. je halben Meter einen Stab, hintereinander gelegt. Die Kinder bekommen eine Kastanie, stehen an der Startlinie, die mit einem Seil markiert ist, und werfen. Für jeden halben Meter gibt es einen Punkt. Es können auch drei Versuche gestartet werden und der weiteste Wurf zählt.

Kastanienkegeln

Alter: ab 4 Jahren **Anzahl:** Teilgruppe (12 Kinder)
Material: zehn Papprollen (Toilettenpapier), viele Kastanien, ein Eimer, ein Seil, ein langer Tapeziertisch

Die Papprollen werden am Ende des Tapeziertisches eng zusammengestellt. Jedes Kind bekommt vier Kastanien und versucht, die Rollen damit zu kegeln. Pro umgeworfener Rolle gibt es einen Punkt.

Kastanienlauf

Alter: ab 4 Jahren **Anzahl:** Teilgruppe (12 Kinder)
Material: pro Kind ein Löffel und zwei Eimer, ein Korb Kastanien, ein Seil

An der Start- und Ziellinie, die jeweils durch ein langes Seil markiert sind, steht für jedes Kind ein Eimer mit vier Kastanien. Mit einem Löffel in der Hand steht das Kind hinter seinem Eimer. Auf ein Startzeichen hin legt es sich eine Kastanie auf den Löffel und bringt sie zu seinem Zieleimer, läuft zurück und holt eine neue Kastanie usw. Die Kinder laufen solange, bis alle Kastanien ans Ziel gebracht worden sind. Die Zeit spielt keine Rolle. Fällt unterwegs eine Kastanie herunter, dann muss sie liegen bleiben und eine neue wird geholt. Zum Schluss bekommt jedes Kind für jede Kastanie, die im Zieleimer angekommen ist, einen Punkt.

Kastanienfangspiel

Alter: ab 4 Jahren **Anzahl:** Teilgruppe (12 Kinder)
Materialien: pro Kind ein Eimer, ein Korb mit Kastanien, zwei lange Seile

Die zwei langen Seile werden in einem bestimmten Abstand gegenüber gelegt. Die Kinder spielen paarweise zusammen. Jeweils ein Kind steht mit einem Eimer, in dem fünf Kastanien liegen, hinter dem einen Seil und das andere Kind steht ihm mit einem Eimer in der Hand hinter dem anderen Seil gegenüber. Die Kastanien werden vor Spielbeginn aus den Eimern genommen und auf die Erde gelegt. Auf ein Startzeichen hin wirft der eine Spieler dem anderen Spieler seine Kastanien zu, der fängt sie und legt sie in seinen Eimer. Sind alle fünf Kastanien beim Gegenüber angekommen, läuft das Spiel in umgekehrter Reihenfolge ab. Jede Kastanie, die nicht aufgefangen wurde, bleibt auf dem Boden liegen. Für jede aufgefangene Kastanie gibt es einen Punkt.

Kastanienrollen

Alter: ab 4 Jahren **Anzahl:** Teilgruppe (12 Kinder)
Materialien: ein großer Tisch (Tapeziertisch), ein Korb mit Kastanien

Der Tisch wird aufgestellt. Jedes Kind kann sich aus dem Korb zwei Kastanien heraussuchen, die seiner Meinung nach besonders gut rollen. Dann stellen sich alle hintereinander vor den Tisch. Auf ein Startzeichen hin rollen sie nacheinander die Kastanie über den Tisch. Rollt sie, ohne auf den Boden zu fallen, erhält der Spieler fünf Punkte. Fällt die Kastanie auf den Boden, dann bekommt er einen Trostpunkt und der nächste Spieler ist an der Reihe. Jeder Spieler hat zwei Versuche.

Draußen turnen im Winter: Spielen im Schnee

Auch die Winterzeit bietet lustige, laute, schnelle und kreative Spiele, die den Spaß an der Bewegung im Freien fördern. Statt eines Sommerfestes kann auch mal in der kalten Jahreszeit gefeiert werden, denn die Angebote eignen sich sehr gut für ein Familienwinterfest. Alle Angebote können beliebig oft wiederholt werden.

Liegt genügend Schnee, können verschiedene Schneemänner und -frauen als Festbesucher im Garten gebaut werden.

Vorbereitend werden dazu über einen längeren Zeitraum alte Hüte, Besen, Regenschirme, Schals, Tücher, Schürzen oder andere abgelegte Kleidungsstücke gesammelt. Auf weiße Papierzettel wird je ein Bauvorschlag notiert, z. B. Schneezwerg, Schneeprinzessin, Schneeputzfrau, Schneekoch oder Schneeclown. Diese Zettel werden zu „Schneebällen" zusammengeknüllt und in einen Eimer gelegt.

Die Kinder bzw. die Anwesenden werden am Festtag in verschiedene Gruppen aufgeteilt. Diese nehmen aus dem Eimer einen Papierschneeball, auf dem der Name der Figur steht, die sie gemeinsam bauen sollen. Danach werden die Figuren bestaunt und ein bewegter Schneenachmittag nimmt seinen Lauf.

Schneegespenster suchen ein Zuhause

Alter: ab 4 Jahren **Anzahl:** Teilgruppe (6 Kinder)
Material: ein Betttuch pro Kind, ein Eimer, Holzlöffel, Schere

Die Betttücher werden den Kindern über den Kopf gehängt. Mit einer Schere werden vorsichtig, in Augenhöhe des Kindes, zwei Löcher geschnitten. Nun sind alle Kinder Schneegespenster. Sie stehen auf der schneebedeckten Wiese und haben sich verlaufen. Aus ihrem Dorf hören sie die Trommeln (mit dem Holzlöffel auf den Eimer schlagen). Die Schneegespenster hören den Ton und gehen auf diesen zu. Erst wenn alle Kinder direkt vor dem Trommler stehen, ist das Spiel beendet.

Schneehuhn jagen

Alter: ab 5 Jahren **Anzahl:** Teilgruppe (8 Kinder)
Material: Spritzflasche mit verdünnter Fingerfarbe

Mit der Farbe wird eine Start- und eine Ziellinie in den Schnee gezogen. Ein Kind steht an der Startlinie, die anderen Kinder an der Ziellinie. Das Kind an der Startlinie sucht sich eine Bewegungsform aus z. B. hüpfen, krabbeln, auf einem Bein hüpfen, rückwärts gehen. Die Kinder am Ziel sind die Schneehühner und das Kind am Start ist der Jäger. Auf ein Kommando hin laufen alle in der entsprechenden Bewegungsform los. Der Jäger bewegt sich zum Ziel hin und muss dabei ein Huhn fangen. Die Hühner dagegen versuchen, auf ihrem Weg zum Start nicht gefangen zu werden. Das gefangene Kind wird zum Jäger und das Spiel wird noch einmal gespielt.

Schneemann sucht Schneefrau

Alter: ab 6 Jahren **Anzahl:** Teilgruppe (4 Kinder)
Material: vier Betttücher, vier Kochlöffel, vier Topfdeckel

Die Kinder bilden Paare, dabei ist ein Kind die Schneefrau, eines der Schneemann. Jedes Paar erhält zwei gleiche „Tonerzeuger“. Nun werden ihnen die Bettücher umgehängt. Der Spielleiter verteilt die Kinder einzeln auf dem Platz im Schnee. Auf ein Zeichen erzeugen die Kinder auf ihren „Instrumenten“ ein Geräusch und gehen aufeinander zu. Sie versuchen, über das Geräusch ihren Partner zu finden. Stehen sie dicht beieinander, so nehmen sie ihr Schneegewand ab und stellen fest, ob sie zusammengehören.

Schneehasenwettspringen

Alter: ab 5 Jahren **Anzahl:** Teilgruppe (2 Kinder)
Material: ein langer Schal, eine Spritzflasche mit flüssiger Fingerfarbe, weiße Pappe, Schere, Bürohefter

Vor Spielbeginn werden aus weißer Pappe lange, breite Streifen und lange Hasenohren geschnitten. Je ein Streifen wird zu einem Ring (in der Kopfgröße des Kindes) zusammengeheftet. Die zwei Ohren werden an den Streifen befestigt.
Der Spielleiter markiert mit der Spritzflasche eine Start- und eine Ziellinie in den Schnee. An der Ziellinie liegen die Schneehasen-Ohren, am Start stehen die Kinder

ganz eng nebeneinander; ihre beiden sich berührenden Beine werden mit einem Schal zusammengebunden. Auf ein Kommando hüpfen die Kinder zum Ziel, setzen sich die Ohren auf und hüpfen zum Start zurück.

Schneehasen auf Futtersuche

Alter: ab 3 Jahren **Anzahl:** Teilgruppe (12 Kinder)
Material: für jedes Kind die Schneehasenohren und eine Möhre, Flasche mit flüssiger Fingerfarbe, Besen

Mit flüssiger Farbe wird ein großes Spielfeld im Schnee markiert. Dort versteckt die Erzieherin unter dem Schnee für jedes Kind eine Möhre. Die Spuren im Feld werden mit einem Besen verwischt.
Die Kinder setzen sich die Schneehasen-Ohren auf, laufen auf ein Kommando über das Feld und suchen eine Möhre. Dazu können sie das folgende Schneemannlied singen, indem sie einen Kreis bilden und zum Gesang tanzen.

Lied: Schneemannlied

Melodie: „Wer will fleißige Handwerker sehn“

Alter: ab 3 Jahren **Anzahl:** Teil-/Großgruppe

Wer will lustige Schneemänner sehn,
der muss in den Kindergarten gehn.
Dreh dich schnell, dreh dich schnell,
immer auf derselben Stell,
dreh dich schnell, dreh dich schnell,
immer auf der selben Stell.

Weitere Strophen:
... stampfe schnell ...
... springe schnell ....
... tanze schnell ...

SPIELEVERZEICHNIS